珍藏本
纪念版

汉译世界学术名著丛书

面向思的事情

（修订译本）

〔德〕海德格尔 著

陈小文 孙周兴 译

孙周兴 修订

The Commercial Press

2017年·北京

ZUR SACHE DES DENKENS

von

Martin Heidegger

根据 Max Niemeyer Verlag，Tübingen 1976 年第二未修改版译出

汉译世界学术名著丛书
（120年纪念版·珍藏本）
出 版 说 明

2017年2月11日，商务印书馆迎来120岁的生日。120年前，商务印书馆前贤怀揣文化救国的理想，抱持“昌明教育，开启民智”的使命，立足本土，放眼寰宇，以出版为津梁，沟通中西，为中国、为世界提供最富智慧的思想文化成果。无论世事白云苍狗，潮流左右激荡，甚至战火硝烟弥漫，始终践行学术报国之志，无改初心。

迻译世界各国学术名著，即其一端。早在20世纪初年便出版《原富》《天演论》等影响至今的代表性著作，1950年代后更致力于外国哲学和社会科学经典的译介，及至1980年代，辑为“汉译世界学术名著丛书”，汇涓为流，蔚为大观。丛书自1981年开始出版，历时三十余年，迄今已推出七百种，是我国现代出版史上规模最大、最为重要的学术翻译工程。

丛书所选之书，立场观点不囿于一派，学科领域不限于一门，皆为文明开启以来，各时代、各国家、各民族的思想与文化精粹，代表着人类已经到达过的精神境界。丛书系统译介世界学术经典，引领时代思想，为本土原创学术的发展提供丰富的文化滋养，为推动中国现代学术和现代化进程做出了突出的贡献。

为纪念商务印书馆成立 120 周年，我们整体推出“汉译世界学术名著丛书”120 年纪念版的珍藏本，寄望既利于文化积累，又便于研读查考，同时向长期支持丛书出版的译者、编者和读者致以敬意。

两甲子后的今天，商务印书馆又站在了一个新的历史时间节点上。我们不仅要铭记先辈的身影和足迹，更须让我们的步伐充满新的时代精神。这是商务人代代相传的事业，更是与国家和民族的命运始终紧密相连的事业。我们责无旁贷，必须做好我们这代人的传承与创造，让我们的努力和成果不仅凝聚成民族文化的记忆，还能成为后来人可以接续的事业。唯此，才能不负前贤，无愧来者。

商务印书馆编辑部

2017 年 10 月

目　　录

时间与存在(1962 年)

下面的演讲要求有一简短的前言。

倘若现在让我们来看保罗·克利[①]在他逝世那一年创作的两幅画的原件,一幅是水彩画《入牖的圣灵》,一幅是画在粗黄麻布上的胶画《死与火》,我们可能会久久地逗留在这两幅画前,并且放弃任何直接理解的要求。

倘若现在有人能向我们朗诵格奥尔格·特拉克尔[②]的诗歌《死亡七颂》,甚至是由诗人本人来朗诵,那么,我们可能会反复聆听之,并且放弃任何直接理解的要求。

倘若现在魏尔纳·海森堡[③]向我们描述在通向他所探索的宇宙公式的道路上其理论物理学思想的一个片断,那么,也许最多会有两三个听众能够跟上他的步伐,而我们其他人就会不声不响地放弃任何直接理解的要求。

---

① 保罗·克利(Paul Klee,1879—1940 年):瑞士裔德国画家,抽象主义艺术代表人物之一。——译注

② 格奥尔格·特拉克尔(Georg Trakl,1887—1914 年):奥地利诗人,早期表现主义诗歌的代表人物,20 世纪最重要的德语诗人之一。——译注

③ 魏尔纳·海森堡(Werner Heisenberg,1901—1976 年):德国物理学家,量子力学的创始人之一,诺贝尔物理学奖获得者。——译注

而面对被称为哲学的思想，情形就不是这样了。因为，据说这种思想要提供出“处世智慧”[①]，甚至于提供出一种“幸福生活指南”。但在今天，这样一种思想可能会被置于某个境地之中，即要求做一些远离于某种有用的生活智慧的沉思。一种思想可能已经成为必需的了，它必须思考前面所说的绘画、诗歌和数学一物理理论从中获得其规定的那个东西。于是，即便在这里，我们或许也不得不放弃任何直接理解的要求了。但我们还必须倾听，因为要紧的是对那无可回避但又先行的东西的思索。

因此之故，如果大多数听众对我们的演讲心生反感，这既不会使人感到意外，也并不使人感到惊奇。而是不是有些人会通过这个演讲在现在或将来达到进一步的深思，那就不得而知了。我们有必要来说说这样一种尝试，即尝试不顾一种根据存在者来论证存在的做法而思存在。这种不顾存在者而思存在[②]的尝试是必要的，因为否则的话，在我看来，就再也不可能合乎本己地（eigens）[③]把今天围绕地球而存在（*ist*）的那些东西的存在带入我们的视野里，更遑论充分地规定人与那种一直被叫做“存在”的东西的关系了。

对于倾听，我们要给出一个小小的提示。要紧的不是去聆听

① 此处“处世智慧”（Weltweisheit）或可译为“世界智慧”。——译注

② 此处“不顾存在者而思存在”原文为：Sein ohne das Seiende zu denken，也可译为“没有存在者而思存在”。英译本作：to think Being without beings。参看 M. Heidegger, *On Time and Being*, translated by Joan Stambaugh, New York 1972, P. 2。——译注

③ 在其本己的唯一的特性中。——作者边注

一系列陈述句,而是要跟随显示[1]的进程。

*

有什么理由让我们把时间与存在放在一起加以命名呢?从早期的西方—欧洲思想直到今天,存在所指的都是在场。从在场、在场状态中道出了当前。[2] 按照流行的观点,当前与过去和将来一起构成了时间的特征。存在通过时间而被规定为在场状态。这样一种情况可能已经足以把一种持续不断的骚动带进思想中了。一旦我们开始深思在何种意义上有这种通过时间的对存在的规定,则这种骚动就会增强。

在何种意义上有这种存在规定呢?这就是要问:在存在中,为什么、以何种方式,并且从何而来道出了诸如时间这样的东西?任何借助于关于时间和存在的流行而不确切的观念来充分地思考存在与时间之关系的企图,都会很快陷入种种未经深思的关系的一种剪不断理还乱的境地中。

当我们说每个事物都有它的时间时,我们就在命名时间。我

① 道说(Sagen):
显示(Zeigen)——有所召唤的命名
(“作为”的消失)
召唤与“现象”——依然自行隐匿者——
这种:猜度——。——作者边注

② 此处“在场”原文为 Anwesen,“当前”原文为 Gegenwart。对基于“现在”时间对在场形而上学(存在学)的批判是海德格尔首先在《存在与时间》(1927 年)发起的工作。——译注

们这样说的意思是:任何存在的东西,任何一个存在者,都在一定的时间来和去,而且在分配给它的时间内停留一段时间。每个事物都有它的时间。

但存在是一个事物吗?存在就像各个存在者那样在时间中存在吗?存在竟然存在吗?[1] 倘若存在存在,那我们就必定毫无疑问地承认它是某种存在者了,并且因此必定可在其他存在者中间发现它本身了。这个教室存在(*ist*)。这个教室是(*ist*)明亮的。我们立即不假思索地承认这个明亮的教室是某种存在者。然则在整个教室里,我们哪里找得到这个"存在/是"(ist)呢?在事物中,我们哪儿都找不到存在(Sein)。[2] 每个事物都有它的时间。但存在不是一个事物,也不在时间中存在。可是,存在仍然通过时间、通过时间因素而被规定为在场,被规定为当前。

在时间中存在、并且如此这般地通过时间而被规定的东西,人们称之为时间性的东西。当一个人死了,离开了此岸,从这里和那里的存在者那里被夺走了,我们就说,他为时间性的东西祝福。[3] 时间性的东西意味着可逝的东西,即那些在时间过程中消逝的东西。我们的语言说得更为准确:是与时间一起消逝的东西。因为时间本身在流逝。但通过时间的不断流逝,时间依然作为时间而

---

① 此句原文为:Ist das Sein überhaupt? 或译为:根本上存在存在吗?——译注

② 此处已经显示出欧洲语言中名词(动名词)"存在"(On,Sein,Being)及其系动词"是"(einai,sein,to be)之汉译的困难。我们采取的是较灵活的策略:名词(动名词)Sein,我们译为"存在";系动词 sein 及其变化,我们依照语境译为"存在"或者"是"。——译注

③ 原文为:er hat das Zeitliche gesegnet,意为"他与世长辞了"。这里取字面义。——译注

留存。留存(bleiben)意味着:不消失,也即在场。因此,时间乃是被一种存在(ein Sein)规定的。那么,存在应当如何由时间来规定呢?从时间的不断流逝中道出了存在。可我们无论如何都找不到像一个事物那样的作为某种存在者的时间。

存在不是一个事物,因此它不是任何时间性的东西,但依然通过时间而被规定为在场状态。

时间不是一个事物,因此它不是任何存在者,但不断地在流逝中留存,本身并不像处于时间中的存在者那样成为某种时间性的东西。

存在与时间交互规定,但却是以这样的方式,即:前者——存在——不能被称为时间性的东西,后者——时间——也不能被称为存在者。在思考所有这一切时,我们是在各种矛盾的陈述中东奔西突。

(对于这种情况,哲学知道一条出路。人们让矛盾存在,甚至使矛盾尖锐化,并且试图把自相矛盾的、从而分崩离析的东西编排在一个无所不包的统一体中。人们把这种方法叫做辩证法。假如关于存在和关于时间的相互矛盾的陈述通过一个包罗万象的统一体而被置于一致中,那么,这当然会成为一条出路,也就是一条道路,一条逃避事情和事态[①]的道路;因为它既不致力于存在本身,也不致力于时间本身,也不参与它们两者的关系。在此尤其排除了这样一个问题:存在与时间的关系是不是一种进而可以通过对

① 此处"事情与事态"原文为Sache und Sachverhalt,其中"事情"(Sache)也被译为"实事"。——译注

两者的编排而建立起来的联系？抑或存在与时间是不是命名着一个事态，无论是存在还是时间都是从这一事态中才产生出来的?)

然则我们应当如何实事求是地投入到由“存在与时间”、“时间与存在”的名称所命名的事态中去呢?

答曰：要以这样的方式，即我们得小心地深思这里所说的事情。所谓小心地，意思首先是指：不要仓促地用未经检验的观念去侵袭事情，而是要谨慎地沉思事情。

但是，我们可以把存在冒充为事情吗？我们可以把时间冒充为事情吗？如果“事情”意味着某种存在者，那么，它们就不是事情。“事情”、“一个事情”，这个词现在对我们来说应当意味着：就其中隐蔽着某种不可忽视的东西而言在一种决定性的意义上所关涉的东西。存在——一个事情，也许是思想的这个事情。[①]

时间——一个事情，只要在作为在场状态的存在中说出了诸如时间这样的东西，它也许就是思想的这个事情。存在与时间，时间与存在，命名的是两个事情的关系，也就是支持这两个事情，并且忍受两者之关系的事态。[②] 假如思想依然有意坚持它的事情，那么，对这种事态的深思就被交付给思想了。

存在——一个事情，但不是任何存在者。

时间——一个事情，但不是任何时间性的东西。

关于存在者，我们说：它存在。就“存在”这个事情和“时间”这

① 此处“思想的这个事情”原文为：*die* Sache des Denkens。其中定冠词“这个”(die)被加了重点号，突出其唯一性，故也可译为“思想的唯一事情”。——译注

② 注意这里的“关系”(*Verhältnis*)、“事态”(Sachver*halt*)与动词“支持”(*halten*)、“忍受”(aus*halten*)的词根联系(均含词根 halt)。——译注

个事情而言,我们始终要保持慎重。我们不说:存在存在,时间存在,而是说:有存在和有时间。[①] 通过这种转变,我们首先只是改变了语言用法。我们不说“它存在”(es ist),而是说“有/它给出”(es gibt)。

为了通过语言表达而返回到事情那里,我们必须表明如何来经验和观察这个“有/它给出”。要达到这个一点,合适的道路是,我们要探讨一下:什么在“有/它给出”(Es gibt)中被给出,这个有/它给出的“存在”说的是什么;这个有/它给出的“时间”说的是什么。[②] 与此相应,我们试图先行考察这个给出存在与时间的“它”[③]。如此这般先行观察之际,我们还在另一种意义上变得小心谨慎。[④] 我们试图把这个“它”及其“给出”带入眼帘,并且大写这个“它”。[⑤]

为了思入存在本身之本己因素,我们首先得深思存在。

为了思入时间本身之本己因素,我们进而得深思时间。

由此必须指明:存在如何有/它给出,时间如何有/它给出。在这种给出中可以看出,应该如何去规定那种给出,即作为关系支持

① 此处“存在存在,时间存在”原文为:Sein ist, Zeit ist;“有存在和有时间”原文为:Es gibt Sein und es gibt Zeit。作者用动词“有”(es gibt)代替了动词“存在/是”(ist)。此处采 es gibt,我们下文也译为“有/它给出”。——译注

② 此句原文为:was “Sein” besagt, das——Es gibt; was “Zeit” besagt, die——Es gibt。其中“有/它给出”原文为 Es gibt。——译注

③ 即“有/它给出”(Es gibt)中的“它”(Es)。——译注

④ 海德格尔在此故意把“小心谨慎”书作 vor-sichtig,以暗示此词与动词“先行考察”(vorblicken)的字面联系。——译注

⑤ 此句中的“它”(Es)和“给出”(Geben)是对“有/它给出”(Es gibt)的分拆。中文用带引号的“它”来表示 Es 的大写。——译注

着存在与时间、并且产—生[1]这两者的那种给出。

任何存在者都通过存在而被标识为这样一个存在者。存在说的是在场。着眼于在场者来看,在场显示为让在场。[2] 但现在要紧的是特别地思考这种让在场——只要在场被允许了。让在场的本己因素表现在:它带入无蔽者之中[3]。让在场意味着:解蔽(Entbergen),带入敞开域(das Offene)之中。在解蔽中运作的是一种给出,也就是在让—在场(Anwesen-*lassen*)中给出在场即存在的那种给出。

(特别地思"存在"这种事情,这要求我们的沉思紧跟在让在场中显示出来的指引。这种指引表明在让在场中的解蔽。但从这种解蔽中道出了一种给出,一种有/它给出。)

然则现在指出的给出对我们来说依然晦暗不明,就如同这里所说的给出的"它"。

只要像在所有形而上学中那样,存在只有从存在者出发,并且对作为存在之基础的存在者而言才能得到探究和解释,那么,特别地思存在本身,就要求我们撇开存在而不顾。特别地思存在,要求我们为了那种在解蔽中遮蔽起来的游戏着的给出(Geben),亦即有/它给出而放弃作为存在者之基础的存在。作为这种有/它给出

---

[1] 海德格尔把这里的动词"产—生"(er-gibt)作了分写,以强调它与"给出"(Geben)的联系。——译注

[2] 此句费解,"在场"(Anwesen)如何成了"让在场"(Anwesenlassen)?海德格尔的意思大概是:作为在场的存在让在场者在场。——译注

[3] 原文为:es bringt ins Unverborgene,应解为:它把……带入无蔽者之中。——译注

的赠礼,[1]存在属于给出。作为赠礼,存在并没有从给出中被排除出去。存在、在场被改变了。作为让在场,存在属于解蔽,始终作为解蔽的赠礼而被保存于给出中。存在不存在(*ist*)。作为在场之解蔽,有/它给出存在。

只要我们更决然地深思这里所指的给出,这种"有存在"[2]或许就会显示得更加清晰一些。要做到这一点,我们就要留意人们极不确定地命名存在的东西以及人们同时在存在最本己因素方面所误认的东西的丰富变化——只要人们把存在看作全部空洞概念中最空洞者,就会如此。这种把存在当作绝对抽象者的观点原则上也还没有被放弃,而只是在作为绝对抽象者的存在被扬弃于绝对精神之现实性的绝对具体之物中时得到了证实——这种扬弃是在近代最具强力的思想中,亦即在黑格尔的思辨辩证法中完成并在他的《逻辑学》中得到描述的。

通过我们对在场意义上的存在的思考,一种沉思存在之丰富变化的尝试就赢获了首要的同时又是指导性的线索。

(我所说的思想不是单纯的老调重弹,仿佛把存在解释为在场是一种不言而喻的做法似的。)

然而,我们从哪里取得把存在标识为在场的权利呢?这个问题提得太迟了。因为这种存在特性早已被决定下来了,无需我们协助甚或操劳。因此,我们已被束缚于这种作为在场的存在的标

① 这里的译文未能充分显明"有/它给出"(Es gibt)与"赠礼"(die Gabe)之间的字面和意义联系。——译注

② 原文为:Es gibt Sein,或译为"它给出存在"。——译注

识中了。从把存在解蔽为一种可说的,也即可思的东西开始,这种标识就有其约束力。从西方思想在希腊人那里的开端起,所有关于“存在”(Sein)和“是”(ist)的道说全都保持在对那种束缚思想的关于作为在场的存在的规定的思念(Andenken)中。这同样适合于那种引导着最现代的技术和工业的思想,当然只还在某种特定的意义上。既然现代技术已经超出整个地球之外而建立起自己的扩张和统治,围绕我们的星球运转的就不只是人造卫星及其副产品了,而不如说,作为在可计算的持存物(Bestand)意义上的在场的存在,以千篇一律的方式要求地球上的全体居民,而欧洲以外的地球居民并没有特地了解这一点,甚至根本不能,也不想了解这一存在规定的来源。(至少,那些忙碌的发达者显然是想有这样一种了解的,这些发达者现在把所谓的不发达者挤进了那种从现代技术的最本己因素中发出的存在之呼声所波及的范围之中。)

但我们决不只是,而且首先不是在对早期的由希腊人完成的关于存在之解蔽的描述的思念中获知作为在场的存在的。我们是在每一种单纯的、毫无偏见的对存在者的现成状态和上手状态的沉思中获知在场的。① 上手状态和现成状态都是在场的方式。如果我们考虑到,不在场也是,而且恰恰是由一种偶尔被提升入阴森可怕之境(das Unheimliche)的在场来规定的,那么,在场的范围就会纠缠不休地向我们显示出来。

---

① 此处“现成状态”(Vorhandenheit)和“上手状态”(Zuhandenheit)是海德格尔前期哲学的一对基本词语,前者也可译为“现成在手状态”。这两个词语的译法取自《存在与时间》中译本,参看海德格尔:《存在与时间》,陈嘉映、王庆节译,三联书店 1999 年,第 81 页及译注②。——译注

然而,指出在场显示为῞Εν[一],即起统一作用的唯一的一,显示为Λόγος[逻各斯],即保存着一切的采集,显示为ἰδέα[相、理念]、οὐσία[在场]、ἐνέργεια[实现]、substantia[实体]、actualitas[现实]、perceptio[知觉]、Monade[单子],显示为对象性,显示为在理性的意志、爱的意志、精神的意志、权力的意志意义上的自行设定的设定性,显示为在相同者的永恒轮回中的求意志的意志,我们也可能在历史学上确定在场的丰富变化。在历史学上可确定的东西可以在历史内部找到。[①] 存在的丰富变化的展开乍看起来有如一种存在的历史。但存在并不像一个国家或者一个民族那样具有一种历史。显然,存在之历史的历史性质是从,而且只能从存在如何发生中得到规定,按照上面的解释,这也就是说,只能根据如何有/它给出存在这一点来规定。

在存在之解蔽的开始,存在、εἶναι[是]、ἐόν[存在]固然被思考了,但这个"有/它给出"(Es gibt)并没有得到思考。巴门尼德不说"有/它给出",而是说ἔστι γὰρ εἶναι,"因为存在就是存在"。[②]

几年前(1947年),在"关于人道主义的书信"中,我已经注意到了巴门尼德的上列箴言(第23页)[《全集》第9卷,第335页]:"巴门尼德讲的ἔστι γὰρ εἶναι[因为存在就是存在]至今尚未被思。"[③]这个说法当时是要说明:我们不能草率地把某种浅显易见的解释强加给上述巴门尼德的"因为存在就是存在",这样的解释

① 注意海德格尔那里"历史学"或"历史学的历史"(Historie)与作为真实的发生史的"历史"(Geschichte)的区别。——译注

② 此句德语原文为:Es ist nämlich sein。或译"因为这就是存在"。——译注

③ 参看海德格尔:《路标》,孙周兴译,商务印书馆,2001年,第395页。——译注

难以让人理解其中所思的东西。被我们说成存在(es sei)的一切东西在此都被表象为某种存在者。然而存在并不是什么存在者。因此,巴门尼德的箴言中所强调的ἔστι[是]是不能把它所命名的存在表象为某种存在者的。虽然按照字面来翻译,这个被强调的ἔστι[是]说的是"它存在"(es ist),但这种强调是从ἔστι[是]中听出那个东西,就是希腊人当时在所强调的ἔστι[是]中已经思考过的东西,以及我们可以用"它能够"(Es vermag)来改写的东西。可是,这种"能够"的意义在当时和后来就像能够存在的"它"一样,都还是未被思的。能够存在意味着:产生和给出存在。在这个ἔστι[是]中遮蔽着这个"有/它给出"(das Es gibt)。

在西方思想的开始,存在就被思了,但"有/它给出"本身并未被思。这个"有/它给出"为了它所给出的赠礼而隐匿自身,这一赠礼后来只是在存在者方面被思为存在,并且被带入一个概念之中。

然而,一种仅仅给出其赠礼的给出,在此却克制和隐匿自己。我们把这样一种给出称为发送(Schicken)。按照给出的这一如此这般有待思的意义来看,有/它给出(es gibt)的存在就是被发送者(Geschickte)。存在的任何变化都是这样被发送的。存在之历史的历史性因素取决于一种发送的天命性质的东西①,而不是取决于某个不确定地被意指的事件。

存在历史意即存在之天命(Geschick von Sein)。在存在之天

① 此处"一种发送的天命性质的东西"原文为das Geschickhafte eines Schickens,中译文未能显明其中"发送"(Schicken)与"天命"(Geschick)的字面和意义联系。——译注

命的发送中,无论是发送还是发送着的“它”,都随着其自身宣示而抑制自己。抑制自己在希腊文中叫做ἐποχή。因此就有存在之天命的时代的说法。[①] 在这里,时代并不是指在发生史中的某个时间段,而是发送的基本特征,就是那种有利于赠礼之可觉知性的当下自行抑制,亦即那种有利于着眼于存在者根基之探究的存在的可觉知性的当下自行抑制。这种在存在之天命中的时代的结果既不是偶然的,也不能被算作是必然的。但在天命中得体的东西(das Schickliche)、适得其所的东西却在诸时代的共属一体中宣示自己。诸时代在其结果中掩盖了自身,以至于作为在场状态的存在的原初发送以不同的方式越来越被遮掩起来了。

只有对这种遮掩的拆除——这意思就是“解构”(Destruktion)——才会使思想先行洞察到那些后来展示为存在一天命(Seins-Geschick)的东西。由于人们到处把存在一天命仅仅看作历史,又把历史仅仅表象为事件,所以,人们就徒劳地试图根据《存在与时间》关于此在(而不是存在)之历史性所说的话来解说这种事件。反之,从《存在与时间》出发去先行思考后期关于存在一天命的思想的唯一可能的道路,就是对《存在与时间》中关于存在者之存在的存在学学说的解构所阐述的内容进行透彻的思考。

如果说柏拉图把存在表象为ἰδέα[相、理念]和相、理念的κοινωνία[分有],亚里士多德把它表象为ἐνέργεια[实现],康德把它表象为设定(Position),黑格尔把它表象为绝对概念,尼采把它表象

① 德语中的 Epoche(时代、时期)的词根是希腊文的ἐποχή(悬置、悬搁),故有此说。——译注

为权力意志，那么，这些都不是偶然提出来的学说，而是存在的话语，作为对一种在自身遮蔽的发送中、在“有存在/它给出存在”中发出的要求（Zuspruch）的应答。总是扣留在自行隐匿的发送之中，存在以其时代性的丰富变化而向思想解蔽出来。思想一直系缚于存在—天命之时代的传承之中，即使当并且恰恰当它想到，存在本身向来如何并且从何处接受其本己的规定，亦即从“有存在/它给出存在”（Es gibt Sein）中接受其本己的规定时，也是这样。给出显现为发送。

但是，应该如何来思考这个给出存在的“它”呢？关于“时间与存在”的排列，我做过一个引导性的说明，我指出：存在作为在场状态，即一种尚未确定的意义上的当前，是由一种时间特性来烙印的，因而是由时间来烙印的。由此就不难猜度，这个给出存在的“它”，把存在规定为在场和让在场的“它”，或许可以在“时间与存在”这个标题所谓的“时间”中找到。

我们就遵循上面这个猜度来深思时间。像“存在”一样，“时间”以同样的方式通过流俗的观念而为我们所熟知；但一旦我们着手去探讨时间的固有特性，它也会以同样的方式为我们所不了解。我们刚才深思存在之际已经表明，存在的固有特性，即存在的归属之所和存在被扣留之处，在“有/它给出”（Es gibt）及其作为发送的给出中显示自己。存在的固有特性并不是具有存在性质的东西。如果我们特别地深思存在，那么，事情本身就以某种方式把我们从存在那里引开了，而且，我们所思的乃是天命，亦即给出作为赠礼的存在的天命。只要我们注意到这一点，我们就能把握住下面的情况，即：连时间的固有特性也不再能借助于通常所表象的时间的流俗特征而得到规定了。但是,把时间与存在排列在一起的做法却包含了这样一个指示:着眼于关于存在所言说的东西来探讨时间的固有特性。存在被叫做:在场、让在场:即在场状态。例如,我们在某处读到这样的报道:“许多客人在场共庆佳节”。这句话也可以说成:许多客人“出席”或者“在当前”。①

当前——一旦我们单独指出当前时,我们就已经思及过去和将来,思及与“现在”(Jetzt)相区别的早先与晚后了。只不过,从“现在”角度来理解的当前,是完全不同于客人在场意义上的当前的。我们从来不说,而且也不能说:“许多客人在现在共庆佳节。”②

而如果我们要从当前出发来标示时间,那么我们就把当前理解为现在,区别于过去的不再现在和将来的尚未现在。但当前同时也表示在场状态。不过,我们并不习惯于着眼于在场状态的意义上的当前来规定时间的特性。毋宁说,时间——当前、过去和将来的统一体——是从现在(Jetzt)出发得到设想的。亚里士多德就已经说过,从时间而来存在(*ist*)亦即在场的东西乃是当下的现在。过去和将来都是一种μὴ ὄν τι,即某种不存在者,虽然不是绝对虚无的东西,而倒是缺乏某个东西的在场者——这种缺乏是通过“不再”现在和“尚未”现在来命名的。如此看来,时间显现为现在的前后相继,其中每一个现在未及道出就已经消失在“刚才”(das Soeben)之中,接踵而至的就是“立即”(das Sogleich)了。关

① 此处“出席”原文为 Im Beisein(参加、在场),“在当前”原文为 in Gegenwart(在场、当面),意同上句的“在场”(in Anwesenheit)。——译注

② 此句中的“在现在”原文为 im Jetzt,德语中无此用法。——译注

于如此这般被表象的时间，康德说：“它只有一个维度”（《纯粹理性批判》，A31，B47）。当人们测量和计算时间时，指的就是作为这种现在系列中的前后相继而为我们所熟知的时间。当我们把钟表或计时器拿在手上，看指针的位置而断定“现在是20点50分”时，在我们面前似乎就有了直接而明确的被计算的时间。我们说“现在”并且意指时间。但在指给我们时间的钟表那里，我们怎么也找不到时间，无论是在钟表面上还是在表具中都找不到。同样，我们也不能在现代技术的计时器中找到时间。我们不由得得出一个断言：技术性越强，也就是说计时器的测量效果越精确、越详细，我们就越没有机会首先对时间的本己因素进行沉思。

然则时间在哪里？时间究竟存在吗？时间有一个位置吗？显然，时间并非一无所有。所以我们曾小心翼翼地说：有时间。通过先行洞察在场状态、当前意义上的存在，我们将更加小心翼翼地并且细心地考察那个作为时间向我们显现的东西。然而，在场状态意义上的当前与现在意义上的当前是十分不同的，以至于作为在场状态的当前是绝不能从作为现在的当前出来而得到规定的。反过来的情形看起来倒是有可能的（参看《存在与时间》，第81节）[《全集》第2卷]。倘若情况若此，那么，作为在场状态的当前与这种当前所包含的一切，就必定可以被叫做本真的时间，尽管它本身并不能直接从那种可计算的现在序列的前后相继意义上的通常被表象的时间那里获得任何东西。

不过，迄今为止，我们还没有更清楚地表明在场状态意义上的当前所表示的东西。通过在场状态，存在被统一地规定为在场和让在场，亦即解蔽。当我们说在场时，我们思考的是何种事情呢？

本质现身意味着持存[①]。但在这里,如果我们把持存理解为单纯的持续,并且以惯常的时间观念为引线把持续了解为从一种现在到接着的另一个现在的时间区段,那么我们就太过匆忙了。然而,有关在一场(An-wesen)的说法却要求:我们要把持续当作逗留和栖留(das Weilen und Verweilen)来觉知。在场与我们相关涉,当前就意味着:面向我们——即人——而逗留。

我们是谁?我们还得小心作答。因为情形可能是,那个标识着人之为人的东西,恰恰是根据我们在此要思量的东西而得到规定的:为在场状态所关涉的人,从这种关涉本身而来以其方式向着一切在场者和不在场者而在场的人。

人内立于在场状态的关涉中,但却是这样,即:由于他能觉知那个在"让在场"中显现出来的东西,所以他能把它给出的在场当作赠礼来接受。倘若人不是从"它给出在场状态"而来的赠礼的永远接受者,倘若人得不到在赠礼中被端呈出来的东西,那么,在这种赠礼悬缺时,存在不光是依然遮蔽的,也不光是依然锁闭的,而不如说,人被排斥在"它给出存在"[②]的范围之外。人或许就不是人了。

现在看来就是这样,就仿佛我们由于指出了人就离开了能够沉思时间之本己因素的道路。在某种程度上这是对的。但是,我们却比我们所以为的更接近于那个事情了,即那个被叫做时间并且要从作为在场状态的当前而来特地显示自身的事情。

① 此处"本质现身"原文为Wesen,"持存"原文为Währen。此处译文未能充分显明"本质现身"(Wesen)与上句中的"在场"(Anwesen)的字面联系。——译注

② 此处"它给出存在"(Es gibt Sein)或译"有存在"。——译注

在场状态意味着：关涉人、通达人、被端呈于人的永远栖留。但就有/它给出在场状态而言，这种归属于作为在场的当前的有所端呈的通达是从哪里来的呢？诚然，人总是被一个当下在场者的在场所关涉，而人在这里又没有特别地关注在场本身。但不在场也同样常常地，亦即永远地与我们相关涉。因为一方面，有许多东西不再以我们从当前意义上的在场中所认识的方式在场。但即便这种不再当前的东西也直接在其不在场中在场，亦即以与我们相关涉的曾在者(Gewesen)的方式在场。这种曾在者并不像单纯的过去之物(das bloß Vergangene)那样从从前的现在中消逝了。而毋宁说，曾在者还在场，但却以其本己的方式在场。在曾在者中，在场被端呈出来。

但是，不在场也在尚未当前者的意义上按照"走向我们"这个意义上的在场的方式与我们相关涉。关于"走向我们"(Auf-uns-Zukommen)的说法此间已经成了套话。于是我们听说："将来已经开始了"，实际情况并非如此，因为只要不在场作为尚未当前者的在场总是已经以某种方式与我们相关涉，也就是像曾在者那样直接在场，那么将来就绝不会才开始。在将—来(Zu-kunft)中，在"走向我们"中，在场被端呈出来了。

如果我们更小心翼翼地注意上面所述，那么，在不在场——无论是曾在还是将来——中，我们都会发现一种在场和关涉的方式，这一方式绝不是直接当前意义上的在场可以涵盖的。因此，我们必须注意：并非每一种在场都必然地是当前，这是一件稀奇古怪的事情。但我们也在当前中发现了这样一种在场，亦即那种通达我们的关涉(das uns erreichende Angehen)。即便在当前中，在场也被端呈出来了。

我们应该如何来规定这种在当前、曾在、将来中游戏着的在场之端呈呢？这种端呈乃在于它通达我们呢，抑或是因为它本身就是一种端呈才通达我们？后一说法是对的。作为尚未当前，到来(Ankommen)同时端呈和带来不再当前，即曾在；反过来，这个曾在又把将来递呈给自己。曾在与将来两者的交互关系同时端呈和带来当前。我们说“同时”，并以此把一种时间的特征赋予给将来、曾在和当前的“相互端呈”(Sich-einander-Reichen)，也即它们本己的统一性。

假如我们必须对现在所指出的端呈之统一性做出命名，并且恰恰要把它命名为“时间”，那么，这种做法显然是不合实情的。因为时间本身不是任何时间性的东西，正如它并不是某种存在者一样。因此之故，我们还不能说：将来、曾在和当前是“同时”现成的。但它们的相互端呈(Einander-sich-zureichen)却是共属一体的。它们的具有统一作用的统一性只能根据它们的本己因素来规定，只能根据它们的相互端呈来规定。但它们相互端呈什么呢？

无非是它们本身，而且这就是说：在它们当中被端呈的在一场。以这种在一场，即可澄清我们所谓的时间一空间(Zeit-Raum)。但用“时间”一词，我们不再指现在系列的前后相继[①]。

① 但也不只是此一在(Da-sein)的绽出的时间性

此一在的“时间性”与“空间性”——时间一空间

参看《物的追问》，1935/1936年冬期学期讲座，1962年，第11—18页[《全集》第41卷，第14—23页]

参看对斯坦堡(Stambaugh)——格莱(Gray)——三个问题的“回答”。——作者边注相应地，时间一空间也不再表示我们所谓的被计算的时间的两个现在点之间的距离，例如，当我们说在50年的时期（Zeitraum）中发生了这样和那样的事情时，我们指的就是这种距离。时间一空间眼下命名的是那个敞开域（das Offene），在将来、曾在和当前的相互端呈中自行澄明的敞开域。唯有这个敞开域才能为通常为我们所熟知的空间设置其可能的延展。将来、曾在和当前的有所澄明的相互端呈本身就是前空间的（vor-räumlich）；唯因此，它才能设置空间，也即给予空间。

习惯上理解的在两个时间点之间的测量距离意义上的时期，乃是时间计算的结果。通过时间计算，那种被表象为线和参数，因而是一维的时间，就得到了数字测量。如此设想的作为现在系列之前后相继的时间维度，是从三维空间的观念中移植过来的。

然而，在所有时间计算之前，而且不依赖于时间计算，本真时间之时间一空间的本己因素就在于将来、曾在和当前的有所澄明的相互端呈。与此相应，我们很容易张冠李戴地称之为维度、测度的东西，是本真的时间所独有的，而且只为本真的时间所独有。维度、测度乃依据于上面所标识的有所澄明的端呈，作为这样一种端呈，到达带来曾在，曾在带来到达，两者的交互关联带来敞开域之澄明（Lichtung des Offenen）。从这种三重的端呈来看，本真的时间就证明自身为三维的。再说一遍，维度在这里不仅被思考为可能测量的区域，而且被思考为通达（das Hindurchlangen），被思考为有所澄明的端呈。这种有所澄明的端呈才允许我们去表象和界定一个测量区域。

但是，本真时间的三维统一性，即每每具有本己在场的三个相互游戏的端呈方式,是从哪里得到规定的呢?我们已经听说:无论是在尚未当前者的到来中,还是在不再当前者的曾在中,甚至在当前本身中,总是有一种关涉和安置亦即在场在起作用。我们不能把这种有待思想的在场指派给时间三维中的一维,显而易见,就是不能把它指派给当前这一维。而毋宁说,时间三维的统一性在于各维之间的传送(Zuspiel)。这种传送证明自身为本真的、在时间之本己因素中游戏的端呈,就仿佛是第四维——不光仿佛是第四维,而且从实事而来就是第四维。

本真的时间是四维的。

然而,我们在计数上所谓的第四维,按照事情来说却是第一维,亦即是规定着一切的端呈(Reichen)。它在到达、曾在和当前中带来对它们来说总是特有的在场,使它们在澄明之际分开,并且因而使它们相互保持在切近(Nähe)中,而基于这种切近,三维保持着相互接近。因此,我们把那第一性的、原初的、按字面意义来讲开端性的[①]端呈(本真的时间统一性即在这种端呈之中)命名为近化着的切近[②]——用一个早先的康德还在使用的词语来说,就是"近性"(Nahheit)[③]。但近化着的切近使到达、曾在和当前相互近化,其途径是使它们疏远。因为它把曾在者之到达当作当前加以拒绝,从而使曾在者保持敞开。这种切近之近化[④]在到来中把

① 需用(Brauchen)。——作者边注

② 此处"近化着的切近"原文为die nahernde Nähe,英译本作nearing nearness。——译注

③ 英译本作nearhood。——译注

④ 切近(Nahnis)。——作者边注

当前扣留起来，从而使来自将来的到来保持敞开。这种近化着的切近具有拒绝和扣留的特点。[①] 它预先把曾在、到达和当前相互端呈的方式保持在它们的统一性中。

时间不存在。时间有/它给出时间。[②] 这种给出时间的给出(Geben)乃是由拒绝着—扣留着的切近而得到规定的。这种切近允诺时间—空间的敞开域，并且保留着在曾在者中被拒绝的东西，在到达中被扣留的东西。我们把这种给出本真时间的给出命名为澄明着—遮蔽着的端呈(das lichtend-verbergende Reichen)。只要端呈本身是一种给出，那么，一种给出的给出[③]就隐蔽于本真的时间中。

但哪里有时间和时间—空间，哪里给出时间和时间—空间呢？无论这个问题乍看起来是多么急切，我们也不再能用这样一种方式来追问一个“哪里”，追问时间之处所。因为本真的时间本身，它的由近化着的切近所规定的三重端呈的领域，是先于空间的地方，由之才有一个可能的“哪里”。

诚然，哲学自其肇始起，无论它何时深思时间，都会问时间归属于何方。在此人们首先收入眼帘的，乃是被当作现在序列之前后相继来计算的时间。人们解释道，要是没有ψυχή[灵魂]，没有animus[心灵]，没有灵魂，没有意识，没有精神，就不可能有我们

---

① 被用于泰然任之(*Gelassenheit*)
有所等待的(不是有所希望的)孤独状态。——作者边注

② 此句原文为：Es gibt die Zeit。英译本亦作：There ist, It gives time。——译注

③ 此处“一种给出的给出”原文为das Geben eines Gebens，或可译为“一种给出的给出作用”。——译注

用以计算的被计数的时间。没有人就没有时间。但这里所说的"没有就没有"是什么意思呢?人是时间的给予者还是时间的接受者?如果人是时间的接受者,那么人是如何接受时间的呢?人首先是人,然后才偶然地接受时间、获得与时间的关系的吗?本真的[①]时间乃是从当前、曾在和将来而来的在场之切近(这种切近把时间的三重澄明着的端呈统一起来[②])。它已经如此这般地通达了人本身,以至于只有当人内立于三重端呈中,并且忍受那个规定着此种端呈的拒绝着—扣留着的切近时,人才可能成为人。时间不是人的制作品,人也不是时间的制作品。在这里没有任何制作。只有上述对于时间—空间具有澄明作用的端呈意义上的给出。

然而,一旦我们承认,在其中给出时间的那种给出方式要求我们上面关于时间的刻画,我们总还得面对那个神秘的"它",即我们在"有时间/它给出时间"和"有存在/它给出存在"中命名的"它"

① "本真的"=属于本有的。
从此一在(*Da-sein*)的绽出的
时间性
到本真的
关于时间的本己因素
第19页—
从——到
其中隐蔽着那种"通达人类"的需用(*Brauch*)
澄明与敞开域
维度——澄明着的端呈
端呈着的澄明。——作者边注

② 统一着
=接近
〉处所(Ortschaft)
疏远 ——作者边注

(Es)。于是就会出现一种危险，即我们以“它”这个名称任意地设定一种不确定的力量，一种能设法做到一切存在和时间之给出的力量。不过，只要我们坚持这种给出的规定性（那是我们试图表明的规定性），而且只要我们先行洞见到作为在场状态的存在和作为一种多重在场之澄明的端呈领域的时间，那么，我们就能够避免不确定性和任意性。在“有存在/它给出存在”中的给出，显示自身为一种发送和一种在其时代变化中的在场状态的天命。

在“有时间/它给出时间”中的给出，显示自身为四维领域的澄明着的端呈。

只要在作为在场状态的存在中显现出诸如时间这样的东西，上面已经提到的猜测就得到了加强，那就是：本真的时间，敞开域的四重端呈，可以被看作给出存在亦即在场的“它”。如果我们注意到，连不在场也总是显现为一种在场方式，那么，上面这种猜测似乎就得到了完全的证实。于是，那种给出一切在场而使之进入敞开域中的澄明着的端呈方式，就在那个通过对当前的拒绝而让不再当前者在场的曾在者中自行显示出来了，就在那种通过对当前的扣留而让尚未当前者在场的“走向我们”(Auf-uns-Zukommen)中自行显示出来了。

因此，本真的时间显现为我们在“有存在/它给出存在”这个说法中所命名的那个“它”。在其中有存在/它给出存在的那个天命，就在于时间的端呈中。这一说明表明时间是给出存在的“它”了吗？——绝对没有。因为时间本身依然是一种有/它给出的赠礼①，

① 此处译文未充分传达“有/它给出”(Es gibt)与“赠礼”(Gabe)之间的字面联系。——译注

这种有/它给出的给出保存着在其中在场状态得以端呈出来的那个领域。因此,这个“它”在很大程度上依然是不确定的、神秘的,而我们自己也还无计可施。在这种情况下,最好还是从我们上面已经刻画的给出出发来规定那个给出之“它”。这种给出显示自身为存在之发送,显示自身为澄明着的端呈意义上的时间。

[[①]或者,我们现在之所以无计可施,是因为我们被语言,更准确地说,被语言的语法解释引入歧途了吗?——由于这一迷误,我们紧盯着这个要给出,但其本身恰恰没有的“它”。当我们说“有存在/它给出存在”、“有时间/它给出时间”时,我们说出了两个句子。按照语法,一个句子是由主语和谓语组成的。句子的主语不必是一个“我”或者人称意义上的主词。所以,语法和逻辑把这种带“它”的句式理解为无人称句和无主语句。在其他印欧语系的语言中,在希腊语和拉丁语中,是没有这个“它”的[②],至少没有特别的词语和语音成分;但这并不等于说,在“它”中被意指的东西没有被一道思考过,例如,拉丁语的 pluit,就是德语的 es regnet(下雨了),希腊语的χρή[必要的、必需的],就是德语的 es tut not(有必要)[③]。

然则这个“它”意指什么呢?语言科学和语言哲学已经对此进行了大量的深思,但还没有找到一个有效的解释。这个在“它”中

① 原文为圆括号,至下文第四段文字结束。——译注

② 在希腊语和拉丁语中的无人称句或无主语句不带德语中的 es 或英文的 it,如下文的χρή[必要的、必需的](类似于德语的 es tut not)。——译注

③ 此处德语的“下雨了”(es regnet)和“有必要”(es tut not)都是带“它”(es)的无人称句。——译注

所意指的含义区域从无关紧要之事伸展到异常之物。在“有存在/它给出存在”、“有时间/它给出时间”这样的说法中所说的“它”，可能指的是某种别具一格的东西，在此我们无法加以深究。因此之故，我们只满足于做一种原则性的思索。

按照语法的一逻辑的解释，被陈述的东西显示为主语：ὑποκείμενον，即已经摆在面前、以某种方式在场的东西。用来说明主语的谓语则显示为已经与在场者一道在场的东西，即συμβεβηκός、accidens［偶性］：比如“教室灯光通明”一句，“教室”是主语，“灯光通明”是谓语。在“有存在/它给出存在”的“它”中说出了这样一种不在场者的在场，也就是说，以某种方式说出了一种存在。如果我们把这种存在放在“它”的位置上，那么，“有存在/它给出存在”这个句子就无异于说：存在给出存在。这样，我们又被抛回到本次演讲一开始时所说的困境中了：存在存在。但存在恰如时间一样并不“存在”（ist）。因此，我们现在要放弃仿佛单独地对这个“它”做出规定的努力。不过我们必须记住：至少在初步可供使用的解释中，这个“它”命名的是一种不在场的在场。

鉴于“有存在/它给出存在”、“有时间/它给出时间”这类说法并不是要做出关于存在者的陈述，但这类句子的结构只是着眼于这种陈述来看才是由希腊一罗马的语法学家促成的，所以我们同时要注意到如下可能性：与所有的假象相反，在“有存在/它给出存在”、“有时间/它给出时间”这类说法中，我们并不是在讨论那种总是被固定于主谓关系之句子结构中的陈述。然则不然的话，我们应该如何来考察上述“有存在/它给出存在”、“有时间/它给出时间”之类的说法中所说的“它”呢？干脆这样，就是从“它”所包含的给出方式出发来思考这个“它”:作为天命的给出,作为澄明着的端呈的给出。而就天命乃基于澄明着的端呈而言,这两者又是共属一体的。]

在存在之天命的发送中,在时间的端呈中,显示出一种归本、一种转本[1],即作为在场状态的存在和作为敞开领域的时间向其本己因素的归本和转本。规定存在与时间两者入于其本己因素之中即入于其共属一体之中的那个东西,我们称之为本有。[2] “本有”一词所命名的东西,我们现在所能做的思考,只能根据那个在对作为天命的存在和在对作为端呈的时间的先行一洞察(Vorsicht)中显示出来的东西,存在与时间即属于这个东西。前面我们已经把这两者,即存在与时间,命名为“事情”(Sachen)。两者之间的这个“与”就使两者的相互关系依然处于不确定中。

现在显而易见,让这两个事情相互归属一体的东西,不仅把这两个事情带进他们的本己因素中,而且把它们保存和保持在它们的相互共属中的那个东西,即这两个事情的状态,事一态[3],就是本有。这种事一态并不是事后作为增加的关系而添补给存在与时间的。这种事一态首先居有存在与时间,使两者基于相互关系而

① 此处“归本”(Zueignen)和“转本”(Übereignen)均与海德格尔后期思想的核心词语“本有”(Ereignis)相关。——译注

② “本有”(Ereignis)是后期海德格尔思想中的一个基本词语,也是本文的思考重点。以海德格尔的意见,此词已超出形而上学的概念方式,不是一个形而上学的“范畴”。我们权译之为“本有”,其动词形式 Ereignen 译为“居有”;与之相关的 Ubereignen 译为“转让”,Vereignen 译为“归本”,Enteignis 译为“失本有”。——译注

③ 此处译文未显示“状态”(Verhalt)与“事一态”(der Sach-Verhalt),甚至与动词“保持”(halten)之间的字面和意义联系。——译注

入于它们的本己因素中，而且是通过在天命和澄明着的端呈中自行遮蔽的居有（Ereignen）。因此，在“有存在/它给出存在”、“有时间/它给出时间”中给出的“它”就表明自身为本有。这个陈述是正确的，但同时又是不真的，也就是说，它对我们遮蔽了事一态；因为我们已经在不知不觉中把此事一态表象为某种在场者了，而实际上我们却是试图思考在场状态本身。但当我们提出和回答“什么是本有？”这样一个早该提出来的简单问题时，我们也许就一下子免除了所有困难，所有烦冗的、看起来没有结果的探讨。

在这里我们不妨插入一个问题。这里的“回答”（beantworten）和“答案”（Antwort）是什么意思呢？“回答”意味着道说，与这里要思考的事一态即本有相应合的道说。但如果这个事一态阻止我们以一种陈述的方式去道说它，那么，我们就必须放弃在被提出来的问题中所期待的陈述句。而这就意味着：我们承认无能于实事求是地思考在此有待思的东西。或者，最好不只是放弃回答，而是甚至于放弃问题？显然合法地，而并非强行提出来的问题“什么是本有？”到底情形如何呢？在此我们追问的是“什么一存在”（Was-sein），追问的是本质，追问的是本有如何本质性地现身，也就是说本有如何在场。

以“什么是本有？”这样一个看起来无害的问题，我们要求探听本有之存在的消息。但是，如果存在本身表明自身为归属于本有，并且从本有中获得在场状态之规定性的东西，那么，随着前面端出的问题，我们就又折回到那个首先要求取得规定的东西那里了，即：起于/基于时间的存在。这种规定得以显示，乃是由于对给出之“它”的先行一洞察，是在对那些相互接合的给出方式即发送和端呈的透彻洞察中显示出来的。存在之发送乃依据于进入时间—空间之敞开域之中的多重在场的澄明着—遮蔽着的端呈。但这种端呈又与发送一体地依据于居有(das Ereignen)。这种居有,也即本有之特有本性,也规定着在此所谓的“依据”的意义。

我们上面所说的话允许、甚至以某种方式迫使我们说:何以本有不能得到思考。我们不再能够再以流俗的词义为主导线索来表象“本有”这个名称所命名的东西;因为,人们通常是在“事情”和“事件”意义上理解“本有”(Ereignis)的[①]——而不是根据那种作为有所澄明地保存着的端呈和发送的居有(das Eignen)来理解本有的。

所以,新近我们听到有人宣告,在欧洲经济共同体内达成的协调一致乃是一个具有世界历史意义的欧洲事件。如果“事件”(Ereignis)一词现在落在一个存在探讨的语境里,如果我们只是按照流俗的意义来聆听这个词,那就简直是硬逼着我们去谈论存在之事件了。因为,如果没有存在,没有一个存在者能够作为这样一个存在者存在。因此,存在可能被冒充为最高的事件,被冒充为最具意义的事件。

然而,我们这个演讲的唯一目的在于,把作为本有的存在本身带入眼帘。只不过,我们用“本有”(Ereignis)一词所命名的东西说的是完全不同的东西。相应地,也必须思考那个毫不起眼的、因为多义而总是令人棘手的“作为本有的存在”中的“作为”(als)。

① 日常德语中Ereignis的通常含义为“事情”(Vorkommnis)和“事件”(Geschehnis)。——译注

假如我们为了探讨存在与时间而放弃“本有”一词的惯常意义，而倒是遵循那种在在场之发送和时间—空间的澄明着的端呈中所暗示出来的意义，即使这样，关于“作为本有的存在”的说法也仍然是不确定的。

“作为本有的存在”——早先，哲学从存在者出发把存在思为ἰδέα［相、理念］、ἐνέεγεια［实现］、actualitas［现实］和意志，而现在，我们或许可以把它思为本有。如此来理解，本有就意味着一种改变了的存在解释；这种解释如果是有道理的话，那就是一种形而上学的继续。在这种情况下，“作为”就意味着：本有作为一种存在，隶属于那种构成被固定的主导概念的存在。但如果我们像我们所尝试过的那样来思考在天命中给出的在场和让在场意义上的存在，而天命又依据于本真时间的澄明着—遮蔽着的端呈，那么，存在就归属于居有（das Ereignen）。给出及其赠礼就是从这种居有中获得自己的规定的。于是，存在或许就是一种本有，而本有却不是一种存在。

逃避到这样一种倒转中或许是太过蹩脚了。这种逃避没有思及事态。本有不是可以把存在与时间纳入其中的包罗万象的总概念。逻辑上的级次关系在这里说明不了什么。因为只要我们深思存在本身并且追踪存在的本己因素，存在就表明自身为由时间的端呈提供出来的在场状态之天命的赠礼。在场之赠礼乃是居有的本己性（Eigentum des Ereignens）。存在消失在本有之中。现在，在“作为本有的存在”这一短语中，“作为”就意味着：存在，在居有中被发送的让在场，在居有中被端呈的时间。时间与存在在本有中被居有。那么本有本身呢？关于本有，我们还能说更多的话吗？

在演讲途中我们已经对之多有思索,但并没有特别地道出,那就是:在作为发送的给出包含着自行抑制,亦即在曾在和到来的端呈中,游戏着当前之拒绝和当前之扣留。我们这里提到的东西:抑制、拒绝、扣留,显示出一种自行隐匿之类的东西,简而言之,就是隐匿(Entzug)。但只要由隐匿规定的给出方式即发送和端呈依据于居有,隐匿就必定属于本有之特性。对于这一点的探讨不再是本次演讲的事情了。

(我们只能十分简略地、以演讲方式不充分地,对本有的特性稍做提示。

存在之天命中的发送已经被标识为一种给出,在其中发送者本身抑制自身,并且在抑制中向解蔽隐匿自己。

在本真的时间及其时间-空间中,显示出曾在之端呈,也即不再当前的端呈,不再当前的拒绝。在将来之端呈中,也即在尚未当前的端呈中,当前之扣留显示出来了。拒绝和扣留呈示出与发送中的抑制一样的特征,即:自行隐匿。

只要存在之天命依据于时间之端呈,而时间与存在一道依据于本有,那么,居有之特性就昭示出来了,即:居有使其最本己的东西隐匿于那无边的解蔽。从居有出发来思考,这就意味着:它在上述意义上失本(enteignet)于自身。这种失本有(Enteignis)[1]归属

① 归本(Vereignung)始终遭受一种危险,即终有一死者满足不了这种归本,因为归本可能向他们保持遮蔽,因而可能在本己(Eignis)中保持隐匿。归本进入被遮蔽状态之中。因而本己本身同时也是失-本有(Ent-eignis)。

(本己中的根本歧途)。——作者边注

于本有本身。[1] 通过失本有，本有本身并不放弃本身，而是把它的本己性保存下来。

一旦我们足够清楚地思考了上面所说的内容，我们就会洞察到本有的另一个特性。在作为在场的存在中，昭示出那种与我们人类相关的关涉（Angang）。这种关涉乃以如下方式进行，即：在对这种关涉的觉知和接受中，我们已经获得了人之存在的显赫特性。然而，这种对在场之关涉的接受却依据于在端呈领域中的内立，而四维的本真时间已经作为这种端呈通达于我们。

因为只有在居有中才有存在和时间，居有就含有这样一个特性，即：它把人带入其本己因素之中，使之成为内立于本真时间中而能觉知存在的人。如此被居有之际，人就归属于本有。[2]

这种归属依据于那种把本有彰显出来的归本（Vereignung）[3]。通过归本，人就被允许进入本有之中了。这就表明，我们决不能把本有置于我们面前，既不能把它当作一个对立面，也不能把它当作无所不包的大全者。因此，表象的一论证的思维就如同一味陈述的言说，都是与本有不相吻合的。）

既然时间以及存在只能从居有而来被思为本有之赠礼，则对于空间与本有的关系，我们也必定要以相应的方式来加以思索。当然，要想成功地做到这一点，我们首先要从已经充分思考过的位

① 此处“失本有”（Enteignis）与“本有”（Ereignis）在字面上恰好构成一个对立。——译注

② 需用（Brauch）。——作者边注

③ 归本（Vereignung）：只要终有一死者依然为本己（Eignis）所需要而被用于这个本己本身，那么他们就在本己中特别地被召唤入其最本己因素中。——作者边注

置(Ort)[①]的特性中洞察到空间的来源。(参看《筑·居·思》,1951年,载《演讲与论文集》1954年版,第145页以下)[《全集》第7卷,第152页以下]。

在《存在与时间》第70节中,我试图把此在的空间性归结为时间性,这种努力是站不住脚的。

诚然,在对存在本身的深入考察中,在对时间本身的深入考察中,在对存在之天命以及时间—空间的洞察中,现在已经可以瞥见"本有"所说的意思。但是,通过这条道路,我们达到了某种不同于某个单纯思想产物的东西吗?这种怀疑背后含着这样一个看法,即:本有必定"是"某种存在者。然而:本有既不存在,本有也没有。[②] 这个"存在"和那个"有"说的是一回事,意思都是对事态的颠倒,就仿佛我们要从溪流中引出泉水一样。

还有什么可说的呢?只能说:本有居有。[③] 这样说来,我们是根据同一者、就同一者来说同一者[④]。表面看来什么也没有说出来。只要我们把所说的话当作单纯的句子来听,并且通过逻辑对它进行审查,那么,它就什么也没有说出来。但如果我们不断地把我们所说的话当作沉思的支点来接受,并且考虑到,这同一者不是什么新东西,而是西方思想中最最古老的东西,即隐蔽在'Α-λήθεια

---

① 参看"艺术与空间"[《全集》第13卷,第203页以下]。——作者边注

② 此句德语原文为:Das Ereignis *ist* weder, noch *gibt* es das Ereignis。——译注

③ 此处"本有居有"原文为:Das Ereignis ereignet,英译本作 Appropriation appropriates。——译注

④ 自言自语(autophasis)[译按:为海德格尔自创词语]。——作者边注

[无蔽、真理]这一名称中的最古老的东西——那又如何呢？通过思想的所有主导动机的开端性而先行被道出的东西，传达了一种对每一种思想都有约束力的约束性，前提是：每一种思想都服从有待思的东西的指令。

要紧的是，在对本真时间的深入考察中思入存在的本己因素——从本有而来——而无须顾及存在与存在者的关系。

不顾存在者而思存在，意思就是：不顾形而上学而思存在。但即便在克服形而上学的意思中，一种对形而上学的顾及也还居于统治地位。因此，我们的任务是停止这种克服，对形而上学不加过问。[1]

如果说依然需要一种克服，那么，这种克服就得关涉这样一种思想，这种思想特别地投身于本有，以便从它[2]出发就它——来道说它[3]。

要紧的是不断地克服那些容易使这样一种道说变得不充分的障碍。

以演讲方式来道说本有也还是此类障碍之一种。因为演讲只用陈述句[4]来说话。

① 保持形而上学本身之纯粹，勿与我的思想混淆。——作者边注

② 此处“它”为大写的 Es，显然是指本文讨论的“有/它给出”（Es gibt）中的“它”，实即“本有”（Ereignis）。——译注

③ 弃一言（Ent-sagen）

参看黑本子。——作者边注

④ 陈述与“单纯的”命名

同语反复（Tautophasis）[译按：为海德格尔自创词语]。——作者边注

一次关于演讲“时间与存在”的讨论课的记录（1962年）

讨论伊始，主持者先做了一番交代，可以有助于大家更好地领会“时间与存在”这个演讲，从而为讨论课的讨论做准备，并且先行指明讨论的意图。这一番交代已经触及有关的问题和论题，它们有的在接着的座谈中得到了明确的表达，有的更为隐蔽地规定了本讨论课的进行。

这个讨论课由于它所讨论的内容之特殊性的缘故而表现为一种尝试。它与海德格尔在其教书生涯中所搞的其他讨论课的讨论是有本质区别的；更直白地说来，不同之处在于，这次讨论课所依据的不是一个形而上学的文本，而是海德格尔自己的一个文本。在这种谈论演讲所道说的事情的尝试中，显示出一种比演讲本身更为厉害的大胆冒险。演讲本身的风险在于，它以陈述句来述说与这种道说方式根本就格格不入的东西。可是必得注意，现在要紧的不是单纯的陈述，而是一种由问先行期备好了的答，此种答力求适应于所涉及的事态；在所有这一切——陈述，问和答——那里，一个先决条件是对事情本身的经验。

如是看来，本次讨论课的尝试性特色便是双重的：一方面，它有所指引，意图指出一种由其本身而来拒绝委身于传达性陈述的事情；另一方面，它又必得用力，从一种经验而来在参加讨论的人们那里先行期备对所道说的东西的本己经验，即对那种不能大白于天下的东西的经验。于是乎，根本说来，这个讨论课的大胆冒险就在于，它尝试去述说某种不能按知识的方式加以传达，但也不能凭一味的追问来加以传达，而倒是必须已经被经验到了的东西，——此种有所述说的尝试的意图就在于期备这种经验。

这个讨论课的目的如下：综观海德格尔的整个演讲报告，该报告的宏旨大义，以及该报告与海氏思想之大体的联系。此外还提出以下任务：弄清当今时代的哲学的情势；在这个时代中绽露出(ek-sistiert)海德格尔的思想，另一方面我们又可以用哲学的式微来标记这个时代的特征。这种式微本身显示出一个多样的面貌。倘若我们把哲学了解为形而上学，则所谓哲学的式微就表现在，思想的事情不再是形而上学的事情了——在这同时，形而上学本身兴许还要继续存留下去。显然，哲学的替代现象，哲学的可能出路就将是：其一，对传统的哲学本文的单纯阐释，对形而上学做一些修修补补的工作；其二，哲学被逐入逻辑学（逻辑斯谛）、心理学和社会学之中，简言之，就是被逐入人类学之中。

参加本讨论课的必要前提是对于形而上学之历史的知识和经验，因为在讨论会上，我们不可能明确地论及各种历史性的关联和个别的形而上学立场。黑格尔是一个例外，在会上得到了深入的探讨；而这是由于以下值得注意的事实情况，即人们总是一再地、并且以迥然不同的方式把海德格尔的思想与黑格尔的思想相提并论。尽管按事情来看，黑格尔在某种程度上比任何其他形而上学立场都要远离于海德格尔的意旨，但在两个立场之间看出一种同一性并且因此认为两者可以相提并论,这几乎是不可避免的。何以这么讲呢?把(作为"对象"的)存在思辨地展开为(作为"概念"的)存在,这说明什么呢?在此展开过程中如何贯彻着作为"在场状态"(Anwesenheit)的"存在"(Sein)?为什么作为思辨辩证法的"思想"是与"存在"相符合的?所以,回顾黑格尔对"存在"的探讨,以澄清海德格尔本己的道路并理解海氏的思想,就必然要与黑格尔划清界限,而这种划清界限并不是简单地否认两者之间的相似性,而是力求揭示相似假象的根据所在。

在对这个讨论课的特性、目的和参加者必备的形而上学知识等作了上述初步的说明之后,便转入对海德格尔的演讲本身的讨论了。

标明这个演讲的思路,即可揭示它在海德格尔的整个运思努力中的地位了。

这个题为"时间与存在"的演讲首先追问存在的本己因素,进而追问时间的本己因素。于是便表明,存在以及时间都不存在。如此这般,便得以过渡到"有/它给出"。[①] 对这个"有/它给出"(Es gibt)的解说首先着眼于给出(das Geben),继之着眼于给出的"它"(das Es)。这个"它"被解释为本有(das Ereignis)。简言之,这个演讲从《存在与时间》谈起,过渡到"时间与存在"的本己因素,再谈到给出的"它",由此而谈到本有。

---

① 这里译为"有"的不是作为哲学范畴的"有"(Sein),也不是"拥有"之"有"(Haben),而是日常德语中的"Es gibt",其中的"Es"为第三人称单数,在此作"形式主语","geben"意为"给出"、"给予"等,因此,"Es gibt"可以直译为"它给出"。海德格尔在下文中对之作了大量的讨论,由此思及"本有"(Ereignis)。——译注

我们或许可以凭着适当的谨慎小心地说，这个演讲就是重演了海德格尔的从《存在与时间》到后来的本有之道说的思想的运动和转变。那么，在这种运动过程中发生了什么事情呢？在海德格尔的思想中发生的问和答的转变的情况又如何呢？

《存在与时间》致力于根据时间的先验境域作一种存在阐释。这里，“先验的”[①]意谓何？它并不是指在意识中被构造的经验对象的对象性，而是指根据此一在(Da-sein)的澄明而被展望到的存在(亦即在场本身)之规定的筹划[②]领域。在“时间与存在”这个演讲中，迄今未被思的、蕴含在作为在场的存在中的时间之意义，被回复到一种更为源始的关系中了。说到一种更为源始的东西，在此容易造成误解。但即便我们首先不去确定如何理解这种更为源始(亦即这种更为源始如何不可理解)，也还有如下情况，即海德格尔的思想——不仅是演讲本身中的思想，而且是海德格尔的整个道路中的思想——是具有回行的特性的。这就是返回步伐(der Schritt zurück)。值得注意的还是这个标题的多义性。在“返回”一说中，大有必要探讨一下返回何处和如何返回。

但这样一来，我们便得以提问：这种构成海德格尔思想之运动方式的回行，是否和如何联系于下面这回事情，即本有不仅作为发送(Schicken)是隐匿，而毋宁说，本有之为本有就是隐匿(Entzug)。

---

① 在海德格尔《存在与时间》中，“先验的”(transzendental)并不是一个知识论概念，而是一个存在学的概念(即海德格尔所谓“基础存在学”的概念)。——译注

② 此处“筹划”(Entwurf)，我们也译为“开抛”。可参看海德格尔：《哲学论稿》，孙周兴译，商务印书馆，2012年。——译注

在《存在与时间》的疑难问题中,已经显示出此种隐匿特征了吗?为了看清这一点,我们就必须着手探讨这部著作的简明意图,或者说,必须着手探讨在存在之意义问题中时间所具有的意蕴。《存在与时间》中被说成是存在之意义的时间,在那里绝不是问题的答案、问题的最终依据,相反,它本身还是对一个问题的命名。“时间”这个名称乃是后来所谓“存在之真理”的先行名称。

时间阐释的初始目标是此在之时间性的到时(Zeitigung)特征,也即那种绽出(das Ekstatische),这种绽出本身就包含着一个对存在之为存在的真理、澄明和无蔽的暗示——而这一实际情况在《存在与时间》的已经出版部分并没有明白地被提到(参看《存在与时间》第28节)。如此看来,尽管在《存在与时间》中对时间的阐释仅限于此在之时间性,并且绝口不提存在的时间特征(而相反地,“时间与存在”这个演讲则蓄意放过人对于存在之澄明的作用不提),但在那里,通过对ἀλήθεια[无蔽、真理]和在场的暗示,时间还是自始就脱离了通常的理解,而包含了一种全新的意义。

如是看来,无论是“时间与存在”还是《存在与时间》,关键都在于避免或许蕴含在“时间”这个标题中,而且首先也确实蕴含在其中的那种狭隘性;这在“时间与存在”这个演讲中已经明白地做了,而在《存在与时间》中,则更多地处于运动和未曾道出的定向过程中。不过,即使是在《存在与时间》中,时间也已然是关联于ἀλήθεια(无蔽状态),并且是从希腊的οὐσία(在场状态)方面被思考的。

如若被说成是存在之先验境域的时间的情形就如上述,那么,我们当如何来标识那种引导着《存在与时间》之出发点的基本经验呢?在其中就已经可以彰明一种隐匿特征吗?那种力图在《存在与时间》中首次道出自身，而以先验的问题方式必然在某种程度上还说着形而上学的语言的经验就是：尽管在整个形而上学中存在者之存在已经被思考和被把捉了，从而存在者之真理也得到了揭示，但在存在之一切显示中的存在之真理本身从未达乎语言而表达出来，而始终是被遗忘的。因此，《存在与时间》的基本经验乃是存在之被遗忘状态。但在这里，所谓被遗忘状态也是在希腊意义上说的，意谓：被遮蔽状态和自行遮蔽。

存在之被遗忘状态显示为不思存在之真理；它容易被解释和被误解为迄今为止的思想的一个耽搁，至少是被解释和误解为某种通过明确地承接和实行了存在之意义亦即存在之真理的问题就可以画上一个句号的事情。海德格尔的思想——并且《存在与时间》尤其如此——被认为是提供和揭示了一个基础，即一切形而上学赖以立身而又不能达到的那个基础，而且这样一来，以往的存在之被遗忘状态便被扬弃和被清除了。然而，对正当的理解来说要紧的是看清：上面所谓迄今为止不思存在之真理，并不是什么耽搁，而倒是应当思之为存在之自行遮蔽的结果。存在之遮蔽作为其匮乏（Privation）而归属于存在之澄明。构成形而上学之本质并且成为《存在与时间》之动因的存在之被遗忘状态，归属于存在本身之本质。因此，对于一种思存在的思想来说，便端出这样一项任务，即：要如此这般地思存在，以至于这种思想根本上也涵盖了存在之被遗忘状态。

于是，一方面，以《存在与时间》为发端的思想乃是从存在之被遗忘状态中苏醒过来，而这种苏醒必定要被理解为一种对从来未曾被思的东西的回忆；但另一方面，作为这样一种苏醒，这种思想

绝不是对存在之被遗忘状态的清除，而倒是置身入存在之被遗忘状态之中，并且立身于其中。因此，这种趋向存在之被遗忘状态而从中醒来的苏醒，乃是入于本有之中而不醒。[①] 在思存在本身亦即思本有的思想中，存在之被遗忘状态作为这样一种状态才是可经验的。

这种思想的特征一再被标识为“返回步伐”。人们首先会把所谓“返回步伐”了解为一种“离开……”和一种“去往……”。于是，海德格尔的思想就是那种离开存在者之敞开状态而去往在可敞开的存在者当中保持遮蔽的敞开状态本身的运动。然而，在“返回步伐”这个名目中还另有所思。返回步伐乃是回到那首先要到达的东西面前，并且赢获与这种东西的距离。这种对距离的赢获乃是一种去—远，是对有待思的东西的自行趋近的开放。[②]

在返回步伐中，敞开状态本身作为有待思的东西闪现出来。但它向何处闪现呢？也即说，从返回步伐方面来看，此种步伐引向何处呢？这个“何所向”是不可确定的。它只有在返回步伐之实行中才能得到规定，而这也就是说，它是从那种对在返回步伐中达乎闪现的东西的应合过程中产生出来的。

鉴于这种“何所向”的不确定性，便显示出一个根本的困难。

---

① 原文为：das Entwachen in das Ereignis。这里的“不醒”(Entwachen)或者可译为“失醒”。所谓“入于本有而不醒”应该联系于海氏所说的“隐匿”(Entzug)和“失本有”(Enteignis，或译“失本”)来领会，“醒”与“不醒”对应于“本有”的“显”(解蔽)与“隐”(聚集)之两重性。——译注

② 此处“去—远”原文为：Ent-Fernung；“对有待思的东西的自行趋近的开放”原文为：die Freigabe des Sich-näherns des zu Denkenden。后者是对前者的解释。——译注

仅仅是对于知识而言才有这种不确定，以至于闪现之位置自在地是确定的而对于知识依然是遮蔽着的——是这样吗？反过来说，如果不光是对知识而言有这种不确定性，而就是“何所向”本身之存在方式的不确定性，那么，我们就要提出以下问题，即：我们如何能够思索这样一种看来不能仅仅根据我们的尚未知之困境来理解的不确定性？

倘要获得一种澄清，我们就可以说——尽管此种表达是不合适的——：“何所向”之位置的如此实情(das Daß)是确定的，但这个位置如何存在，这对知识来说却还是遮蔽着的；而且必然还悬而未决的是，这个位置之存在方式是否已经确定(但也还不是可知的)，或者，它是否本身要在步伐之实行中，也即在所谓的入于本有而不醒中才产生出来。

于是就要重新尝试把演讲的基本意图和动向刻画出来，而这样做又导致了对《存在与时间》的沉思。

从形而上学的思维方式来看，演讲的整个思路，也即从本有方面来规定存在，就可以被解释为向根据回归，向本原回归。这样的话，本有与存在之关系便是先天与后天[①]的关系了，而这里所谓的先天还不只是在近代哲学中占有支配地位的知识的先天和对于知识而言的先天。于是乎，个中症结就是一种奠基关系，从黑格尔的立场来看，更可以将这种奠基关系规定为把存在取消和扬弃到本有中去。

① 此处“先天与后天”(Apriori zum Aposteriori)似更应译为“先在与后在”。——译注

此种解说也由于那个被用于标识《存在与时间》的意图和思路的称号“基础存在学”[①]而变得显然；这个称号立即被抛弃了，而且恰恰就是为了对付此种误解才抛弃的。在此必得注意的决定性的事情是，基础存在学与《存在与时间》所准备的唯一的存在之意义问题的关系。根据《存在与时间》来说，基础存在学乃是此在之存在学分析。“因而其他一切存在学所源出的基础存在学，必须在对此在的实存论分析中来寻找”(《存在与时间》第 13 页)[《全集》第 2 卷，第 18 页]。据此看来，似乎基础存在学乃是那种还付诸阙如而要立足于此才建造起来的存在学本身的基础。也就是说，如果事关存在之意义问题，而意义乃是被筹划的意义，筹划是在理解中并且作为理解而发生的，存在理解构成了此在的基本特征，那么，对此在之理解境域的制订，就是对那种看来只能建造在基础存在学之上的存在学的一切制订工作的条件。于是，基础存在学与未能进一步公之于众的对存在之意义的揭示的关系，就大约类似于基础神学与神学体系之间的关系了。

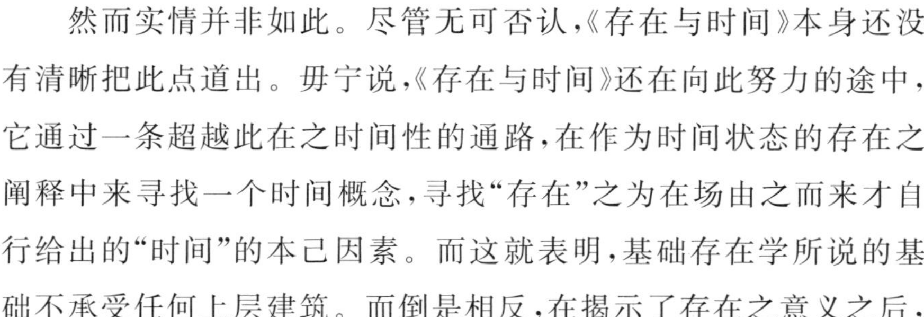

然而实情并非如此。尽管无可否认，《存在与时间》本身还没有清晰把此点道出。毋宁说，《存在与时间》还在向此努力的途中，它通过一条超越此在之时间性的通路，在作为时间状态的存在之阐释中来寻找一个时间概念，寻找“存在”之为在场由之而来才自行给出的“时间”的本己因素。而这就表明，基础存在学所说的基础不承受任何上层建筑。而倒是相反，在揭示了存在之意义之后，

① 此处“基础存在学”(Fundamentalontologie)又译“基本本体论”，是海德格尔在《存在与时间》中对自己的此在分析工作(实存论分析)的命名，在别处也说“此在的形而上学”。——译注

要更源始地并且以完全不同的方式来重演整个此在之分析。

这样，正因为基础存在学之基础并非可以在其上建造什么的基础，并非 fundamentum inconcussum[不可动摇的基础]，而毋宁是一个 fundamentum concussum[可动摇的基础]，正因为对此在之分析的再演已然共属于《存在与时间》之探讨，而“基础”一词却与此种分析的暂先性质相违背，所以就把“基础存在学”这个称号抛弃了。

在第一次会议结束时，还讨论了几个段落，要搞懂这几个段落不容易，但对于理解海德格尔的演讲来说又是必不可少的。

在演讲的引论部分末尾（参看前文边码第 5—6 页），“我们有必要来说说这样一种尝试，……”这段话就端出了一些困难。

首先，其中有这样一句：“这种不顾存在者而思存在的尝试是必要的，因为否则的话，在我看来，就再也不可能合乎本己地(eigens)把今天围绕地球而存在(*ist*)的那些东西的存在带入我们的视野里”。在这个句子中就含着一个大矛盾。这个矛盾的必然性和可能性没有获得进一步的揭示；演讲中只是指出，它是与那个以“今天……存在(*ist*)的那些东西的存在”这个短语所思及的集一置(Ge-stell)的歧义性联系在一起的。再者，作为本有的先行显现，集一置乃是使此种尝试成为必然的那个东西。可见，正如人们可以从演讲稿中得知的那样，对当今现实的理解的必然性并不是此种尝试的真正动机。

深入的问题是：“今天围绕地球而存在的那些东西的存在”这个表述是否意味着把普遍性的存在问题狭隘化了，使它局限于所谓沧海一粟的地球这个小小的星球上了；这种狭隘化是否发源于一种人类学的旨趣。会上没有深入讨论这个问题。也没有澄清，这个构成现代技术之本质的集一置如何可能是一个表示普遍存在的名称——就我们所知，集一置只是关于在地球上发生的东西的集一置。

之后，会上解说了“不顾存在者而思存在”这个短语。这个短语与(边码)第29页上所说的“不顾存在与存在者的关系”一样，都是缩写的表述，原话是：“不顾那种根据存在者来论证存在的做法而思存在”。可见，“不顾存在者而思存在”并不表示，与存在者的关联对存在来说是无关紧要的，因此可以撇开这种关联不谈了；它毋宁是表示，勿以形而上学的方式来思存在。所谓根据存在者来论证存在，——尽管首先[①]——是指形而上学的神学机制，但并不尽然是指这种神学机制，后者也就意味着，作为causa sui[自因]的summum ens[最高存在者]为一切存在者之为存在者提供基础论证(参看“莱布尼茨所谓的24个形而上学论题”，见海德格尔：《尼采》下卷，第454页以下)[《全集》第6卷下，第414页以下][②]。首先被思及的是存在学差异的形而上学特征；根据存在学差异，存在就是为存在者之故而被思考和把握的，以至于存在处于存在者之统辖之下而又无损于它的根据存在(Grund-sein)。

演讲引论部分之后的开头几句话也同样端出了某些困难。

劈头就说：“从早期的西方一欧洲思想直到今天，存在所指的都是在场”。这话是怎么回事？是说存在的意思唯一地或者至少

① “尽管首先”被海德格尔删掉了。——作者边注

② 参看海德格尔：《尼采》下卷，孙周兴译，商务印书馆，2010年，第1167页以下。——译注

以这样一种优先性与在场相同，以至于它的其他规定性都可以忽略不计了？唯独在演讲中表现出来的作为在场的存在之规定，仅仅是出于这个旨在共同思考存在与时间的演讲的意图吗？或者，在存在的全部规定性中，在场具有一种不受演讲之意图影响的“实际的”优先地位吗？首要地，作为根据的存在之规定的情形如何？

在场，在场状态，贯通在一切形而上学的存在概念中，贯通在一切存在规定中。即便是作为已经摆在眼前的东西的根据，作为奠基者的根据，就其本身来考察，也通向栖留，即持存，通向时间，即当前（Gegenwart）。不仅在希腊的存在规定中，而且譬如还在康德的“设定”中，在黑格尔的作为正题、反题和合题之运动（在此也还是被设定性）的辩证法中，都有当前在说话，都呈示出一种在场的优先地位（参看《尼采》下卷，第399页以下[《全集》第6卷下，第363页以下]；进一步参看《路标》（1967年），第273页以下[《全集》第9卷，第445页以下]：“康德的存在论题”一文）[1]。

上述启发性的提示表明了一种参与所有对存在的烙印而起着决定作用的在场的优先地位。至于这种决定作用的方式如何，从中自行呈示的在场的优先地位具有何种意义，这类问题还是未曾思的。那就是说，在“时间与存在”这个演讲中，在场的优先地位还是一个断言，而作为这样一个断言，它却是思想的一个问题和任务——也即要思索：是否、从何而来并且在何种意义上，有在场的优先地位？

---

① 参看海德格尔：《尼采》下卷，孙周兴，商务印书馆，2010年，第1097页以下；《路标》，孙周兴，商务印书馆，2001年，第522页以下。——译注

所以,演讲的第一段接着上文所引的句子之后继续说:“从在场、在场状态中道出了当前”。这话是多义的。一方面,它可以这样来理解:作为现时在场的在场①是根据觉知者,根据觉知者的repraesentatio[再现]而被思的。于是当前就是在场的一个结果规定,或许可以指称在场与觉知着的人的关系。另一方面,它可以这样来理解:十分普遍地,从在场显露出时间,而究竟如何和以何种方式显露出来,却还是悬而未决的。“存在通过时间而被规定为在场状态”。这第二方面的意思在演讲中已经表出。但对问题的阐明的多义性和困难在于这样一个事情,即开头这些句子并不是要推出结论,而是要对论域做初步的接触。这就容易引起误解。而要消除这些误解,只有靠我们对整个演讲的论题做持续的观解了。

第二个课时一开始,先就讨论课开头的一般性说明做了某些补充。

a)存在和思想的关系与存在问题的共属一体性。

尽管存在和思想的关系——或者,存在和人的关系——在演讲中没有得到明确的探讨,但是必须牢记,它根本上包含在存在问题的每一个步骤中。同时也必须注意思想的双重作用。根本上归属于存在之敞开状态的思想,首先乃是被看作人之特征的思想。从《存在与时间》来看,可以把它称为领悟着的思想。另一方面,思

① 我们在此以“现时在场”与“在场”勉强在译名上区分同义的 Präsenz 与 Anwesen。——译注

想乃是解释着的思想，也即说，是思存在和思想的关系以及思一般存在问题的思想。

在此有待思索的是，第一种意义上的思想是否能够先行划定解释着的思想的特性，也即是否能够划定“哲学的”思想之与存在问题的归属方式。依然可疑的是，如果思想要真正地承担起存在问题的话，那么解释究竟是否能够成为思想的特征。于是，事关宏旨的是，思想要为有待思的东西开放并且保持这种开放，以便从有待思的东西而来去获得对它的规定。

b)先行性[①]。

思想在沉湎于本有之际才从本有那里获得其规定性，这一点在前面对返回步伐的探讨中已可见出；与此紧密相关的是思想的一个更进一步的特性，它对于存在问题的实行来说共同起着决定作用。这个特性就是先行性。它超出了其最切近的含义——即这种思想始终只是预备性的——而具有更为深刻的意义，即这种思想总是先行的，而且是以返回步伐的方式先行。这样来看，对先行性的强调就并非起于无论哪一种做作的谦逊，相反，它具有严格的实际的意义，其意义相关于思想和有待思的东西的有限性。返回步伐之实行愈是合乎实情，先行的道说就愈是具有应合的特性。

c)进入本有的若干不同道路。

① 此处“先行性”原文为 Vorläufigkeit，日常含义为“暂时性”，但海德格尔在此取其字面义，即“先行性”。——译注

在较早的一些著作中已经谈到了本有:

1.在“关于人道主义的书信”中,已经谈到本有,但还只是以一种蓄意的含糊来谈的。

2.较为清晰的关于本有的谈论是在 1949 年搞的四个演讲中,这四个演讲冠有一个共同的标题,即《观入在者》[《全集》第 79 卷]。各个演讲的标题分别为“物”、“集置”、“危险”和“转向”。除了第一个和第二个外,其余两个尚未发表。(参看《演讲与论文集》,[1954 年],第 163 页以下[《全集》第 7 卷,第 165 页以下]:“物”)

3.在有关技术的演讲中,该演讲并不纯粹是上面提到的“集置”这个演讲的另一个版本。(参看同上书,第 13 页以下[《全集》第 7 卷,第 5 页以下]:“技术的追问”;进一步可参看小册子系列之一:《技术与转向》,1962 年)。

4.最为清晰的本有之论在有关同一性的演讲中,即在《同一与差异》(1957 年,第 11 页以下[《全集》第 11 卷,第 31 页以下])中。

对以上文本的回忆意在唤起一种关于迄今为止所指示出来的进入本有的道路的差异性和共属性的思索。

进而,对于演讲之进程和方式来说颇为重要的(边码)第 9 页上的一个关键段落,是深入的沉思的对象。所涉及的就是从“任何存在者都通过存在……”到“……给出在场即存在的那种给出”这段话。

首先解说了“标识”一词(“任何存在者都通过存在而被标识为这样一个存在者……”),选用这个词是十分谨慎的,为的是命名存在对存在者的震动(Betroffenheit)。标识(Zeichnen)与显示

(Zeigen)相近,指示着轮廓、形态,可以说那种存在者本身所特有的什么一形态(Was-Gestalt)。从存在者方面来看,存在乃是有所显示、有所显明而又不显示自身的东西。

眼下讨论的这段话继续道:"着眼于在场者来看,在场显示为让在场。

但现在要紧的是特别地思考这种让在场——只要在场被允许了。"

关键是这个"但现在",它使后面这句话与前面那个句子形成鲜明的对照,并且表明开始引入新的东西了。

在具有对照作用的"但现在"中显明出来的这种差异何所关涉呢?那就是一种在让在场中,并且也即首要地在这一"**让**"(*Lassen*)中的差异。区分开来的两部分是:

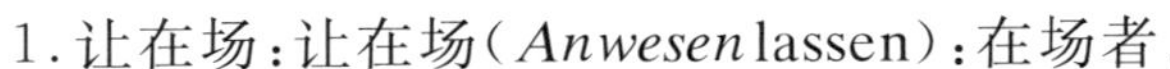

1. 让在场:让**在场**(*Anwesen* lassen):在场者。

2. 让在场:**让**在场(Anwesen *lassen*)(亦即朝向本有)而被思。①

在第一种情形中,作为让在场的在场关涉于存在者即在场者。因此其中所指的是作为形而上学之基础的存在与存在者的差异和存在与存在者的关系。这里的"让"是根据原本的词义来理解的,意谓:放弃、放走、让……离去,也即释放**入敞开域中**(freigeben *ins Offene*)。让在场所"让"出来的在场者由此才作为一个自为的

① 此处两个"让在场"分别有所强调,前者强调"在场",突出表明"本有"如何"居有"而成就在场者,实际即表明"本有"从无到有的"显"出;后者强调"让",就是突出表明"本有"本身的亦显亦隐的运作。——译注

在场者，被准允而进入共同在场者的敞开域中。在此未曾道说并且大可置疑的还是，从何而来并且如何有“敞开域”？

然则，如若要合乎本己地来思让在场，那么被这一“让”所切中的就不再是在场者，而是在场本身。据此，这个词接着也可以写成：让一在场（das Anwesen-Lassen）。这里的让意思是：允许、给出、端呈、发送、让一归属（gehören-*lassen*）。在这一“让”中并且通过这一“让”，在场便被允许而入于它所归属之所。

由此可见，决定性的双重意义就包含在这一“让”中，相应地也包含在在场中。由那个“但现在”而形成相互对照的两部分并不是无联系的，两者的关系是不无麻烦的。从形式上说来，在相对的两部分之间有着一种限定关系：唯当有在场之“让”，在场者之让在场才是可能的。但是，应当如何合乎本己地思这种关系，如何从本有方面来规定这里所说的差异，此类问题只是点到为止了。主要的困难在于，从本有而来，我们必得为思想免去存在学差异。与之相反，从本有而来，这种关系却自行显示为世界与物的关系——它首先只还以某种方式被把握为存在与存在者的关系，而同时却丧失了它的固有特性。

第二天搞的第三个课时的讨论开始先作了一些提示。听或者读这个演讲时遇到的困难以某种特有的方式与所谈的事情的质朴性结伴而行。因此，至为重要的是获得一道质朴的观解眼光。

演讲中多次出现了“事情”、“思想的事情”这样的表达。根据其古老的词义（事情就是诉讼案件、争讼事件），这个表达就意味着争执事件、有争议的东西、所关涉的东西。因此对于尚未规定的思想来说，事情乃是思想由之而获得规定的有待思的东西（das zu

Denkende)。

这里可以凭适当的谨慎和必需的保留，借用荷尔德林 1802 年秋天写给波林多夫（Böhlendorff ）的一封信中的一段话，来说明上面多次被触及的海德格尔思想的先行性。荷尔德林写道：

> “亲爱的朋友！我想，我们对我们的时代之前的诗人将无所评论，而整个歌唱方式都将取得另一种特性，……”

这个课时的探讨主要围绕“有”（Es gibt）这个表达进行。在海德格尔的演讲中，这个表达乃是一个以决定性的方式活动的词语。课上力图搞清楚它的通常的语言用法。

光是“有”在通常的语言用法中的出现方式，就在那些表示单纯的现成存在和出现的理论上的、普遍的和苍白的意义后面，回指出某种丰富的关联。例如，如果人们说：小溪中有鳟鱼，那么，这话并不是确定了鳟鱼的单纯“存在”。从前，并且一致地，人们用这个句子道出小溪的突出标志；小溪被描述为鳟鱼溪，从而是一条特殊的小溪，也即一条人们能够从中钓到鱼的小溪。可见，在“有”的直接用法中就已然包含了与人的关联。

这种关联通常就是可动用性，就是与人这方面的一种可能的占有的关联。这个有并非单纯的现成；它倒是与人相关的。由于带有与人的关联，在直接的语言用法中的“有”就比单纯的“存在”（sein）和“是”（ist）更清晰地指说着存在。但即便这个“是”也并非总是仅仅具有一种理论上的苍白的意义，即并非仅仅表示对某种纯粹的现成状态的确定。这一情况显示在诗歌语言中。特拉克尔诗云：

“这是一盏在风中熄灭的灯。
这是一把被午后的醉鬼遗弃的山野酒壶。
这是一座被烧焦了的葡萄园，黑漆漆布满蜘蛛网。
这是一间被他们刷成乳白色的房间。”[①]

这些诗句出现在“诗篇”(Psalm)一诗的第一节中。另外一首题为“来自深渊”(De profundis)的诗与上面这首有着同样的旋律。特拉克尔在其中唱道：

“这是一片收割后的田野，经受了一场黑色骤雨。
这是一棵孤独地伫立的棕色大树。
这是一股围绕着空空的木屋的尖厉的风。
这夜晚多么悲哀。
……
……
这是一盏在我的口中熄灭的灯。”[②]

兰波[③]在《彩画集》(Les Illuminations)的一个片段中也唱道：

① 四个诗句均以 Es ist(这是、它是)开头。——译注

② 同上，有四个诗句以 Es ist(这是、它是)开头。——译注

③ 兰波(Arthur Rimbaud，1854—1891 年)：法国诗人，早期象征派代表，超现实主义诗歌的鼻祖。——译注

林中有一只鸟,它的歌声使你停步而脸红。

有一座自鸣钟,它不敲响。

有一块沼地,其中有一窝白兽。

有一座大教堂在坠落,而一个湖在升腾。

有一辆小车被弃在矮林中,或是饰着饰带,沿着水流中的小路而去。

有一群戏装小演员,望得见他们在穿过林边的路上。

最后,有人在追捕你,当人们感到饥渴之时。[①]

法文中的“有”(Il y a)(可与南德方言中的“es hat”[②]相比较)相当于德文中的“有”(Es gibt),但前者的使用范围更为宽广些。对兰波诗中的这个“有”(Il y a)的合乎实情的翻译或许是德文中的“这是”(Es ist),无论我们是否可以猜想特拉克尔知道兰波的上

---

① 法语原文如下:

Au bois il y a un oiseau, son chant vous arrête et vous fait rougir.
Il y a une horloge qui ne sonne pas.
Il y a une fondrière avec un nid de bêtes blanches.
Il y a une cathédrale qui descend et un lac qui monte.
Il y a une petite voiture abandonnée dans le taillis, ou qui
descend le sentier en courant, enrubannée.
Il y a une troupe de petits comédiens en costumes, aperçus sur
la route *à* travers la lisière du bois.
Il y a enfin, quand l'on a faim et soif, quelqu'un qui vous chasse.

其中每个诗句中都有法文短语“Il y a”,相当于德语的 es ist 和 es gibt。故译文中的“有”也可以用“这是”来替代(下文即有此意)。——译注

② “这儿有”(草莓)
“那儿有”(蘑菇)。——作者边注

面这首诗。

诗人里尔克和伯恩[1]也使用这个“这是”(Es ist)。诗歌语言中的“这是”的情况大体上已得到了揭示。首先可以说,它与“有”(Es gibt)一样,也并非对某物的现成存在的确定。但与通常的“有”相区别,它并非指说那个有着的东西的可动用性,它所指说的有着的东西恰恰是不可动用的,是那个作为某种阴森的东西即异常神奇的东西的关涉者(das Angehende)。因此,凭这个“这是”,也就连带着指出了那种与人的关联,而且比在通常的“有”那里要清晰得多。

至于这个“这是”的意思,我们只能根据本有(Ereignis)来思考。因此,这个“这是”的意思也是悬而未决的,恰如诗中的“这是”(Es ist)和思想中的“有”(Es gibt)之间的关系是悬而未决的那样。

对在“有/它给出”(Es gibt)中的它(das Es)所作的语法上的一些探讨,对这些语法上被称为无人称句或无主语句的句子的探讨,以及对那种在今天看来不言自明的作为主语和谓语关系的句子解释所具有的形而上学—希腊的基础的简要回忆,暗示出一种可能性:即不把那种关于“有存在”和“有时间”的说法当作陈述句来理解。

课上紧接着探讨了两个针对海德格尔的演讲提出来的问题。问题之一有关存在历史的可能的终结;另一个问题涉及与本有相

① 里尔克(Rainer Maria Rilke,1879—1926 年):奥地利著名诗人;伯恩(Gottfried Benn,1886—1956 年):德国表现主义诗人。——译注

应的道说方式。

关于问题一。如果本有并不是存在历史上的一个新的存在印记，而是相反，存在归属于本有并且被取回到本有中(无论是以何种方式)，那么，对于在本有中的思想来说，也即对于投入到本有中的思想来说——只要这样一来，植根于命运的存在不再是有待思的东西——存在历史就达乎终结了。如此，思想便置身于，并且直面于那个发送出时代性存在的不同形态的东西那里了。但这个东西，即作为本有的发送者，本身乃是无历史的，更恰当地说，是无命运的[①]。

形而上学是存在之印记的历史，从本有方面来看，也就是发送者为了在发送中发送出当下的让在场者在场而自行隐匿的历史。形而上学就是存在之被遗忘状态，也就是那个给出存在的东西的遮蔽和隐匿的历史。因此，思想向本有的转投与所谓这种隐匿的历史的终结有着相同的意味。存在之被遗忘状态与所谓进入本有而不醒“亦步亦趋”。

然而，作为限界而属于形而上学的遮蔽必然为本有本身所固有。这意味着，那种以存在之被遗忘状态为形态而标志着形而上学的特征的隐匿，在此自行显示为遮蔽本身之维度。不过，在此这种遮蔽并不遮蔽自身，而毋宁说，对此遮蔽来说，思想的关注也同

---

① 但终于
依赖于……定位于……需用(Brauch)
从本有之有限性产生出(ent-steht)绽出的时间性——在时间性中，作为现在之相继的时间显示出来——在场。——作者边注

样重要。

也就是说,随着思想向本有的转投,本有所具有遮蔽方式才到来了。本有在其自身中就是失本有[①]——在这个词中,早期希腊的遮蔽意义上的λήθη[遮蔽]本有般地被采纳进去了。

因此,本有的无命运性并不是说本有没有任何“动荡”。这种无命运性毋宁意味着,本有最本己的动荡方式——就是在隐匿中的馈赠——首先向思想才显示为有待思的东西。但这也就是说,对转投到本有中的思想来说,存在历史作为有待思的东西而达乎终结了,尽管形而上学还能够留存,也是无关紧要的。

关于问题二。与刚才所说相关的是两个问题中的另一个问题,亦即:在本有中的思想领受了什么有待思的东西?相应地,道说的得当方式为何?这里追问的不只是道说(Sagen)的形式——因为一种以陈述句说出的言说(Sprechen)与有待道说的东西是格格不入的——,粗略讲来,而是要追问道说的内容。[②] 海德格尔在演讲中有话(边码第 29 页):“还有什么可说的呢?只能说:本有居有(das Ereignis ereignet)”。这话首先只是拒绝性的,表明本有如何不可思。转向正面来看,问题却可以这样来提:本有居有什

① 此处“本有”(Ereignis)与“失本有”(Enteignis)在构词上就形成一种对立,前者为“得本”,而后者为“失本”。——译注

② 海德格尔区分两种“说”:应合于“本有”的“道说”(Sagen)和一般的人言之“说”(Sprechen)。海氏也把“本有”的展开称为“道说”(Sage),构想出他的玄怪的大语言观。这方面的思想特别可以参观他的《在通向语言的途中》一书。——译注

么?[1] 为本有所居有的东西是什么? 以及,思本有的思想是对为本有所居有的东西的思索吗?

凡此种种,在演讲本身中无所道出。这个演讲大抵只是通向本有的一条道路而已。但海德格尔的其他一些著作已经对此类问题有所思了。

譬如有关同一性的演讲[2],如果从其结尾部分来看,就道出了本有居有什么,也即本有把什么带入本己之中并且把它保持在本有中——那就是道出了存在与人的共属一体关系。进而,在这种共属一体中,共属一体者就不再是存在和人,而是——作为被居有者——在世界之四重整体中的终有一死者(Sterblichen)。[3] 演讲"荷尔德林的大地和天空"(载《荷尔德林年鉴》,1960 年,第 17 页以下)[《全集》第 4 卷,第 152 页以下]和演讲"物"各各谈到被居有者,谈到四重整体。就作为道说(Sage)的语言而说的一切(《在通向语言的途中》,1959 年)[《全集》第 12 卷][4],也不外乎作此种谈论。

因此,在海德格尔的思想中,也已经对于为本有所居有的东西

① 这两个问句的原文为:Was ereignet das Ereignis? Was ist das vom Ereignis Ereignete? ——译注

② 参看海德格尔:《同一与差异》,孙周兴等译,商务印书馆,2011 年,第 28 页以下。

③ 所谓"四重整体"(Geviert),即"天、地、神、人""四方"的整体,这"四方"构成一种相互居有和相互映射的"世界游戏"(Weltspiel)。这是后期海德格尔的一个基本思想,显然也是与他的"本有"之说联系在一起的。——译注

④ 参看海德格尔:《荷尔德林诗的阐释》,孙周兴译,商务印书馆,2009 年,第 184 页以下;《在通向语言的途中》,孙周兴译,商务印书馆,2005 年。——译注

有所道说了，尽管还只是以一种暂时的、先行暗示的方式来说的。因为这种思想首先只能去期备那种向本有的转投。可见，所谓对于本有只能说“本有居有”，这并非排除，而恰恰是涵括了对在本有本身中的有待思的东西的全部丰富性的思考。更何况关涉到人、物、诸神、大地和天空，也即关涉到被居有者，总还有待思索这样一回事情，即本有本质上包含着失本有(Enteignis)。而后者含着这样一个问题：向何处失本有？这个问题的方向和意义在课上没有进一步讨论。

第四次座谈开始，一个更为宽泛的问题重新把大家引向对演讲的意图的沉思。

海德格尔在“关于人道主义的书信”(克劳斯特曼版，第23页)中讲到：“因为在此给出的它，就是存在本身”[《全集》第9卷，第334页][①]。有理由认为，这个直白的陈述与“时间与存在”这个演讲并不一致；在后者那里，思作为本有的存在的意图导致了本有的突出和存在的消失。存在的消失不仅与“关于人道主义的书信”中的这一段落难以协调，而且与“时间与存在”这个演讲中的一个段落(第26页)也不合拍，在这个段落中，海德格尔说，演讲的唯一意图乃是“把作为本有的存在本身带入眼帘”。

对此的说法是，首先，在“关于人道主义的书信”的那个有关段落中，并且几乎是普遍地，“存在本身”这个名称已经命名着本有了。(构成本有之本质结构的那些关联和联系，海德格尔在1936

① 参看海德格尔：《路标》，孙周兴译，商务印书馆，2001年，第366页以下。——译注

年到 1938 年间就已经拟订好了。)[①]再者,关键恰恰是要看清:正是由于把作为本有的存在收入眼帘,存在之为存在才消失了。由此可见,在上面两句话之间是没有什么矛盾的。两者以不同的明确性命名着相同的事情。

同样也不能说,演讲"时间与存在"的标题是与存在之消失相矛盾的。这个标题想要指示出《存在与时间》的思想进程。它并不表示,必须紧紧抓住"存在"和"时间"不放,并且必须重又在这个演讲结尾处把两者表达出来。

毋宁说,必须这样来思本有,即:既不能把它当作存在来把握,也不能把它当作时间来把握。它仿佛是一个"neutrale tantum"[中性的如此],是"存在和时间"这个标题中的中性的"和"。但这并不排除:在本有中也还得体地一并思了发送和端呈,以至于就连存在和时间也以某种方式持留着。

会上回忆了《存在与时间》的几个段落,其中已经使用了"有/它给出"(Es gibt)这个词,但并没有直接就本有方面来思之。这些段落在今天看来是一些半生不熟的尝试,——即尝试制订出存在问题,尝试为存在问题指示适当的方向,这些尝试依然还是不充分的。因此眼下重要的是在这些尝试中看出那些指向存在问题并且由之而得规定的论题和主旨。要不然,人们就太容易在《存在与时间》的探讨中看到一些单独的论文,进而把它们看作不充分的而搁

① 海德格尔早在 1936 年至 1938 年间写成《哲学论稿(从本有而来)》之手稿,已经对"本有"(Ereignis)作了系统探讨。但此手稿在海氏生前一直没有公开出版。迟至 1989 年,即海氏一百周年诞辰,这部十分重要的著作才得以整理出版,被编为海德格尔《全集》第 65 卷。——译注

置一旁。所以，举例说来，人们仅只在那些从制订此在之时间性的意图中产生出来的界限中，并且根据由此意图而来的主旨，来探究死亡问题。

今天已经很难设想那些阻碍了存在问题的追问及其发端和贯彻的诸种困难的大小。在当时的新康德主义的范围内，一种哲学倘要作为哲学而获得支持，就必得满足那种作康德式的、批判的、先验的思考的要求。存在学乃是一个被唾弃的名称。胡塞尔本人在《逻辑研究》中——尤其是在第六研究中——已经切近于本真的存在问题，但在当时的哲学氛围中也不能将其贯彻到底；他受那托尔普的影响而实行了向先验现象学的转向，这种先验现象学在《观念》一书中达到了它最初的顶峰。但这样一来，他也就放弃了现象学的原则。(以新康德主义为形态的)哲学向现象学的这种侵入的结果是，舍勒以及其他一些人与胡塞尔分道扬镳了；在此可能有这样一个悬而未决的问题，即：这种分裂是否并且如何遵循着“面向思想的事情”这个原则。

摆出上面种种，目的是为了澄清有关演讲的先行方式这个可能的问题。我们可以把此种先行标识为现象学的，只要我们不是把现象学理解为哲学的一个特殊方式和特殊思潮，而是把它理解为在任何一种哲学中起支配作用的某个东西。这个东西最好以“面向事情本身”这句著名的格言来加以命名。正是在此意义上，胡塞尔的研究与新康德主义的先行方式形成鲜明对照，表现为某种新的和空前地激动人心的东西——狄尔泰早在1905年首先就看到了这一点。而且也正是在此意义上，我们可以说，海德格尔保持了真正的现象学。实际上，倘若不坚持现象学的基本态度，存在问题就是不可能的。

胡塞尔向新康德主义的问题方式的转向首先表现在那篇重要的,而在今天很少得到关注的论文“作为严格科学的哲学”(载《逻各斯》1910/1911 年,第 I 期)中[①];这一转向以及胡塞尔对一切与历史的生动关联的忽视,导致了他与狄尔泰之间的决裂。在此联系背景中,除了指出其他许多因素外,还得到指出的是,胡塞尔在其区域存在学的观念框架内把《存在与时间》了解为有关历史的区域存在学了。

第四次座谈会主要讨论了一个问题,它关系到前面已经引用过的第 9 页上的那段重要的话(从“任何存在者都通过存在……”到“……给出在场即存在的那种给出”)。这个问题针对存在和时间与本有的关系,并且要追问,在那段话所指出的概念——在场、让在场、解蔽、给出和本有——中,是否有一种等级递进关系,即一种源始性的不断增大。在所讨论的这段话中,这种从在场到让在场等等,直到本有的运动,是否就是对一个越来越源始的根据的追溯。

如若事情无关乎一个越来越源始的东西,那么就出现了一个问题,即在上述概念之间究竟有何种区别和关系。这些概念并不构成一个等级关系,而是一条回归道路上的几个停靠站——这条回归道路通过暂先的东西而向本有开放。

接着的讨论本质上关系到规定之意义,即在形而上学范围内

① 参看胡塞尔:《哲学作为严格的科学》,中译本,倪梁康译,商务印书馆,1999 年。——译注

在场对在场者的规定方式的意义。借此当能突出地显明，从在场到居有(Ereignen)的回行具有何种特性——这种回行太容易被误解为对一个越来越源始的根据的准备。

在场者之在场——即让在场者在场——在亚里士多德那里被解释为ποίησις[创作、制作]。这个后来被重新解释为creatio[创造]的ποίησις[创作、制作]，以一种极简朴的线索来说，导向一个作为对象之先验意识的设定。因此显而易见，形而上学中的让在场的基本特征乃是在其多样形态中的产生(das Hervorbringen)。与此相对，有理由认为，尽管在柏拉图的后期著作中——主要在《法律篇》中——νοῦς[奴斯、心灵]的诗意创作(poietisch)特性已经愈来愈突现出来了，但在场与在场者之间的规定关系在他那里还没有被理解为ποίησις[创作、制作][①]。在τῷ καλῷ τὰ καλὰ καλά[美的东西是美的，在于它的美性]中，只是道出了παρουσία[在场]，即καλόν[美性]在καλά[美的东西]那里的出场(Beisein)，而没有从在场者方面给予这种出场以诗意创作的意义。而这就表明，在柏拉图那里，规定(das Bestimmen)还是未曾思的。因为柏拉图根本就没有讨论这种本真的παρουσία[在场]是什么，根本就没有明言这个有关ὄντα[存在者整体]的παρουσία[在场]提供什么。这一缺口并不通过以下事实而得填补，即柏拉图力图在光之隐喻中来把握在场与在场者的关联——也就是说，并不是把它把捉为ποίησις[创作、制作]、制做等，而是把它把捉为

① 希腊文的ποίησις[创作、制作]是后来“诗歌”(Poesie)、“诗学”(Poetik)的词根。——译注

光——，尽管从中无疑给出了一种与海德格尔的亲近关系。因为海德格尔所思的让在场乃是一种“带入敞开域中”（ein ins-Offene-Bringen），虽然在我们所讨论的海氏演讲报告的那个段落中，让在场的意思是中性的，是并且必然是反对所有制做、构造等等的方式的。如是看来，其中的希腊因素，即光和显现，也就昭然若揭了。但有待追问的是，对光的隐喻式的提示想道出而还不能道出什么。

让在场与ἀλήθεια[无蔽、真理]的关联使得整个关于存在者之存在的问题脱离了康德式的有关对象之构造的问题方式，尽管回过头来看，在《康德和形而上学问题》一书中，海德格尔对想象力的强调表明，我们还要根据ἀληθεύειν[解蔽]来理解康德的立场。

在这一点上，课上讨论了这样一个问题：假如解蔽是自为的，也即说，假如解蔽并非反过来要在内容上得到规定，那么，把在场与在场者的关联把握为解蔽，是否就万事大吉了呢？如果这种解蔽就在于ποίησις[创作、制作]、制做和作用的所有方式中，那么，我们如何能够排除这些样式并且纯粹自为地保持解蔽本身呢？倘这种解蔽并不是反过来从内容上得到规定的，那么，这种解蔽究竟意味着什么呢？有关此点，会上对两种解蔽做了重要的区分，即譬如归属于ποίησις[创作、制作]的解蔽和海德格尔所见的解蔽。前一种解蔽关系到εἶδος[爱多斯、相]——后者就是在ποίησις[创作、制作]中被突出和揭示的东西；而海德格尔所思的解蔽则关系到整个存在者。由此而来会上还论述了在如此一存在（Daß-sein）和什么一存在（Was-sein）中的区分，这种区分的来源还是模糊不清的，还是未曾思的（参看海德格尔：《尼采》下卷，第 399 页以下[《全集》

第6卷下,第363页以下])[1]。

至于包含在问题中的思索的意图,课上曾说到,尽管在所讨论的那一段话中,解蔽仅只被确定为一个基本特征,借此而使让在场中的“让”获得了作用的特性,但那种从内容上被规定的解蔽的不同样式还是有待思索的。借助于从在场到让在场和从让在场到解蔽的步伐,并没有澄清存在者的不同领域的在场特性问题。规定不同事物领域的解蔽状态,这依然是思想的一项任务。

包含在从在场到让在场的步伐中的运动方式,同样也显示在从让在场到解蔽,从解蔽到给出的过渡中。思想总是实行返回步伐。因此这种思想的先行方式可以在与一种否定神学的方法的类比中见出。这也表现在以下情形中,即那些在语言中给定的存在者状态上的模式全部被制作并且摧毁了。引人注目的例子是诸如“端呈”(reichen)、“发送”(schicken)、“扣留”(vorenthalten)、“居有”(ereignen)等动词的用法;这些动词根本上不仅作为时间动词[2]而表明某种时态,而且还表明一种对于非时间性的东西而言的被说出的时间意义。

第五次座谈以让·波弗勒[3]的一个专题报告开场。波弗勒的报告为探讨人们一再断言的海德格尔的思想与黑格尔的思想之间

① 参看海德格尔:《尼采》下卷,孙周兴译,商务印书馆,2010年,第1097页以下。——译注

② 此处“时间动词”德语原文为Zeitwörter,后者的词典释义即为“动词”,我们在此上下文中取其字面义。——译注

③ 让·波弗勒(Jean Beaufret,1907—1982年):法国哲学家和日耳曼学学者,与海德格尔过从甚密,1940年代就人道主义问题与海德格尔通信。在法国,波弗勒被认为是“正统的海德格尔主义者”。——译注

的类似性打下了基础。报告人报道了法国人是如何看这种类似性的。

在海德格尔与黑格尔之间有着一种亲近和惊人的类似性，这首先据说是无可否认的。所以在法国，人们普遍地认为，海德格尔的思想是黑格尔哲学的一个翻版，无非是有所深化和发展了，其情形犹如莱布尼茨对笛卡尔哲学的恢复或黑格尔对康德哲学的恢复。如果完全从这一角度来看海德格尔的思想，那么，我们就必然可以在海德格尔思想的所有方面与黑格尔哲学的所有方面之间找到清晰的对应。凭着这些对应，我们仿佛就可以建立一张相似性对照表，从而断定，海德格尔所说与黑格尔大致不差。但所有这些看法都做了一个假定，假定有一种海德格尔的哲学。如果情形并非如此，那么任何比较都失去了可比较性的基地；而在这里，比较的不可能性并不等于无关联性。

在报告的第二部分，波弗勒提到海德格尔思想在法国所遭遇的几个最粗暴的误解。在黑格尔《逻辑学》中，作为直接性的存在是以作为存在之真理的本质为中介的。这条从存在到本质和从本质到概念的道路，这条通向那种一开始就作为直接性而被引入的存在的真理的道路，与《存在与时间》中所阐发的存在问题是相同的道路吗？或者，两者无论如何是可比较的吗？我们在何处能够确定两者的根本差别？

从黑格尔的角度来看，我们可以说：《存在与时间》还停留在存在那里，并没有把存在展开为“概念”——（这个断言表面上遵循着黑格尔的术语：存在—本质—概念）。反过来，从《存在与时间》的角度来看黑格尔的思想，就立即可以提出这样一个问题：何以黑格尔要把存在设定为无规定的直接性,并且自始就把存在置入与规定和中介的关系中呢?(参看海德格尔:《路标》,1967年,第255页以下[《全集》第9卷,第427页以下],"黑格尔和希腊人"一文)[①]。

后面这个问题引来了一段说明黑格尔的否定性的起源这个未曾澄清的问题的题外话。黑格尔逻辑学的"否定性"建基于绝对意识之结构中吗?抑或相反?思辨的反思是黑格尔所谓的包含在存在中的否定性的根据吗?抑或这种否定性倒是意识之绝对性的基础之一?如果我们注意到,黑格尔在《精神现象学》中与诸多原初的二元论合作,这些二元论后来(从《逻辑学》开始)才达到和谐一致,而且如果我们考虑到黑格尔在早期著作中制订出来的生命概念,那么,看起来,否定之否定性是不可能回溯到意识之反思结构那里的,尽管另一方面很可能,在意识那里的现代开端大大地有助于否定性之展开。而毋宁说,否定倒是可能与分裂状态的思想联系在一起,也就是(实际地看来)回到赫拉克利特(διαφέρον[分裂])那里。

起于存在之规定的区分被确定在以下两点中:

一、在黑格尔那里规定着在其真理中的存在的那个东西,对黑格尔哲学来说是不成其为问题的;而且这乃是因为存在与思想的同一性对黑格尔来说实际上是一种等量齐观。所以在黑格尔那里

---

① 参看海德格尔:《路标》,孙周兴,商务印书馆,2001年,第502页以下。——译注

并没有出现存在问题，而且也不可能出现。

二、从海德格尔这个表明存在在本有中被居有这样一回事情的演讲出发，人们或许可以努力把本有当作终级的和至高的东西而与黑格尔的绝对者相提并论。然而透过这一同一的假象，我们却必得问：在黑格尔那里，人之与绝对者的关系如何？还有：人与本有的关系是何种关系呢？这里就会显示出一种不可逾越的区分。只要在黑格尔看来，人是绝对者的自行实现之所，那么，绝对者就导致了对人的有限性的扬弃。与之相反，在海德格尔那里，有限性——而且不仅是人的有限性，还有本有本身的有限性——恰恰是要得到揭示的。

关于黑格尔的讨论促使大家重新去触及这样一个问题：向本有的转投[①]是否意味着存在历史的终结？这其中的情形似乎类似于黑格尔，但这种类似性应当根据原则性的差异的背景来看待。认为只有在一种对存在和思想的真正的认同占上风的地方——诸如在黑格尔那里就有这种情形——，才能够谈论一种历史的终结，此种论点是否正当有理，还是悬而未决的。无论如何，海德格尔意义上的存在历史的终结，完全是另一回事情。诚然，本有庇护着解蔽之可能性，此类可能性并不是思想所能澄清的，当然在此意义上我们也不能说，随着思想向本有的转投，诸种发送便被“阻挡”了。但有待思索的依然是：如果存在历史被理解为本有在其中自行遮

① 此处“向本有的转投”原文为 die Einkehr in das Ereignis，其中 Einkehr 有“休息、投宿”与“沉思、内省”双重意思，海德格尔把它用作动词 einkehren（投宿、来到、出现）的名词。我们姑且译之为“转投”。——译注

蔽的诸种发送的历史的话,是否在这种转投之后还能谈论存在,从而谈论存在历史。

在稍前一次座谈中讲到存在者状态上的模式,譬如端呈、给予等等作为时间中的存在者状态上的过程;现在又重新捉住了这个话题。由于我们不可在技术意义上把这里的模式理解为以缩小的尺度对某物的复制或设计,所以也就不能直接把一种思入模式的思想标识为技术性的思想。而毋宁说,模式乃是那种必然被思想当作自然的前提来加以排斥的东西,如此也就是说,模式既是思想所排斥的对象又是这种排斥的凭靠。思想使用模式的必然性连系于语言。思想的语言只能从自然语言而来。然而自然语言根本上乃是历史性的和形而上学的。可见在自然语言中就已经先行确定了一种被解释状态(Ausgelegtheit)——以自我解悟的方式。由此看来,对思想来说就只有这样一种可能性:就是去寻求模式,目的是把它们制作好,从而实行向思辨的过渡。课上举出几个例子,以说明那些根据模式来思考的实情:

一、黑格尔的思辨命题,是黑格尔依照日常命题的模式阐发出来的,而且,日常命题充当着思辨命题的有待制作的模式;

二、νοῦς[奴斯]的运动方式,正如柏拉图的《法律篇》所讨论的那样,就是依循生命体的自我运动的模式的。

至于模式之为模式是什么以及应如何理解模式对于思想的作用,我们只能根据一种对语言的本质解释来运思。

于是,进一步的讨论涉及语言,更确切地说,是涉及那种在自然语言与思想语言之间的关系。有关存在者状态上的模式的谈论假定了这样一点,即语言原则上是具有存在者状态上的特性的,以至于思想——它只有通过词语才能表明它在存在学上想说的东西——处于不得不在此使用存在者状态上的模式的地步中了。

但即便我们撇开这样一回事情,即:语言不仅是在存在者状态上的,而且自始就是在存在者状态上一存在学上的[①],——即便如此,我们还是可以设问:是否能够有一种思想语言,这种思想语言能说出语言的单朴,以至于它恰恰显明着形而上学语言的限界。但我们对此却不能谈论。关键在于这样一种道说成功与否。最后,至于自然语言,也并非只有它才是形而上学的。不如说,我们对日常语言的阐释才是形而上学的,是系于希腊存在学的。而人与语言的关系的转换或许类似于人与存在的关系的转变。

座谈结束时朗诵了海德格尔的一封信,这封信将作为马上就要出版的理查森[②]的《海德格尔:从现象学到存在之思的道路》一书的前言公之于世[参看《全集》第11卷,第143页以下][③]。该信主要回答了两个问题,也即:决定海德格尔思想的最初动因的问题和转向问题;它揭示了为我们所讨论的文本奠定基础的那些联系——我们所讨论的这个文本走了一条从《存在与时间》到"时间与存在"进而到本有的道路。

---

① 此处"在存在者状态上一存在学上的",原文为ontisch-ontologisch,英译本作ontic-ontological。——译注

② 理查森(William Richardson,1920—):海德格尔研究者,美国波士顿大学教授,最早向英语世界引介海德格尔思想的美国学者之一。——译注

③ 参看海德格尔:《同一与差异》,孙周兴等译,商务印书馆,2011年,第139页以下。

第六次也是最后一次座谈首先探究了大家提出的几个问题。如果要谈论存在的丰富变化,这几个问题就涉及"变化"、"转换"这个词的意义。变化、转换曾经是在形而上学范围内就形而上学而说的。这个词便意味着那些变化多端的形态,存在在其中时代一历史性地显示自身。问题是:时代的次序通过什么而得规定?这一开放的序列从何而来规定自身?何以序列恰恰就是这一序列呢?在此容易让人想起黑格尔的"思想"(Gedanken)历史。在黑格尔看来,历史中起支配作用的是必然性,而这种必然性同时也是自由。对黑格尔来说,在作为精神之本质的辩证进程中,并且通过这一辩证进程,必然和自由是一体的。与之相反,在海德格尔那里,就谈不上历史的某个为何之故(ein Warum)了。只能说如此实情(das Daß)——存在历史如此这般的实情。所以在《根据律》这个演讲中[《全集》第10卷,第185页],海德格尔引用了歌德的格言:

> 如何?何时?何地?——诸神依然沉默!
> 你恪守缘起之因,而不问为何之故?。[①]

在上面所说的演讲中,缘起之因(das Weil)是持存(das Währen),是自行坚持为命运者。在如此实情(Daß)范围内并且在它的意义上,思想也能够确定诸如次序中的必然性之类的东西,

① 此处"缘起之因"(das Weil)和"为何之故?"(Warum?)两个译名难以明白区分,文中所做的大致区分是:前者是在存在历史的"如此存在"(Daß-sein)意义上讲的;而后者则是在"什么存在"(Was-sein)意义上讲的,指向知识性的因果关系。——译注

诸如一个法则和逻辑之类的东西。因此可以说,存在历史乃是不断增大的存在之被遗忘状态的历史。在时代性的存在变化与隐匿之间,可以见出一种关系,但这种关系并不是一种因果关系。不妨说,人们愈是疏远于西方思想的早先,愈是疏远于ἀλήθεια[无蔽、真理],这种无蔽愈是沦于遗忘状态,那么,知识、意识就愈加清晰地显露出来,从而存在就愈加清晰地自行隐匿。而且,存在的这种隐匿还是遮蔽着的。在赫拉克利特的κρύπτεσθαι[隐藏]中首次也是最后一次道出了隐匿之所是。ἀλήθεια[无蔽、真理]之为无蔽的退隐开放出存在从ἐνέργεια[实现]到actualitas[现实性]等等的转变。

与这一着眼于形而上学来说的转变的意义有着明显不同的是另一种转变,就是在所谓存在被转换——即被转换入本有中——这个说法中的转变。这里的关键并不是一种可与形而上学的存在形态相比较的,并且与这些存在形态——作为一种新的存在形态——相随的存在表征。不如说,后一种转变倒是指,存在——连同它的时代性的启示——被扣留在命运中,但又作为命运而被回撤到本有之中。

在时代性的存在形态和入于本有的存在转换之间,便有集-置(*Ge-stell*)。这个集-置仿佛是一个中转站,它呈现出双重的景象,可以说是一个守护门户的两面神。就是说,它仿佛还可以被理解为求意志的意志(Willen zum Willen)的一种继续,因此可以被理解为一个最极端的存在显形①。但同时,它也是本有本身的一

① 此处"存在显形"原文为Ausprägung des Seins。英译本作formation of Being。——译注

个先行形式。

在讨论课的讨论过程中一再谈到经验(das Erfahren)。譬如其中说到:入于本有而不醒这回事情必须被经验,而不能被证明。课上提出的最后几个问题中的一个问题是有关这种经验的意义的。这个问题在下述情形中见出某种矛盾:虽然思想应该是对事态本身的经验,但另一方面,思想只是对经验的期备而已。因此——有这样的结论——思想(从而也是本次讨论课本身所尝试的思想)还不是经验。那么,这种经验是什么呢?它是对思想的黜免吗?

然而实际上,我们不能以两者择一的方式把思想与经验相互对立起来。在讨论课上做的事情,还是一种尝试而已——尝试对思想作一种期备,也就是对经验作一种期备。但只要经验并非神秘的东西,并非装点门面的行径,而是向着在本有中的逗留投入进去,那么,这种期备就是在运思之际发生的。所以,入于本有而不醒这回事情虽然还是必须被经验的,但作为这样一回事情,它恰恰首先必然地维系于那种唤醒,那种走向存在之被遗忘状态而从中醒来的唤醒。也就是说,它首先还是一个能够并且必须被显示出来的事件(Geschehnis)。

说思想在期备阶段中,这并不意味着经验别具本质,不同于期备性的思想本身。期备性的思想的限界在别的地方。首先在于:形而上学可能仍处于其历史的终结状态中,致使另一种思想根本就不能显露出来——但依然**存在**(*ist*)。于是思想的情形——它作为暂先的思想先行观入本有,并且只能指示,也即只能给予指引,此种指引当使得那个入于本有之处所的投入的方向成为可能——便如同荷尔德林的诗歌,后者之遭受湮没达一个世纪之久,但依然存在。另一方面，期备性的思想的限界还在于：对思想的期备只能在某个特殊的方面来做。这种期备以各各不同的方式也实行于其中也发生着一种思想和言说的诗歌、艺术等等之中。

最后——并且似乎也为了再度从另一个侧面更一致地倾听在讨论课期间得到详细讨论的内容——会上朗读了演讲系列《观入在者》中的“转向”一篇[《全集》第 79 卷，第 68 页以下]。之后，人们还提出了几个问题。这几个问题得到了简要的回答。

在演讲“转向”中所说的世界之拒绝是与《存在与时间》中所说的当前之拒绝和扣留相联系的。因为即便在本有这回事情上也能谈论拒绝和扣留，只要这种谈论切中时间之给出方式。于是，尽管对本有的探讨乃是向存在和时间的告别的处所，但在某种程度上，这个告别的处所依然是本有之赠礼(die Gabe des Ereignisses)。

海德格尔关于存在之有限性的谈论最早是在其《康德与形而上学问题》这部论著中。但在讨论课期间所挑明的本有、存在和四重整体的有限性却与前者有所区别，因为现在不再根据与无限性的关联来思有限性，而是思之为在其本身中的有限性：有限性、终结、限界——就是入于本己的被庇护存在。在此向度上——也即根据本有本身，从本己性(Eigentum)概念而来——来思有限性这个新概念。

“但被告表示拒绝。人总得在那里，他说，如果人受到传唤的话，但对自己的传唤，就是人能做的最大的颠倒了。”(汉斯·艾里希·诺萨克：《不可能的听证》)①

① 汉斯·艾里希·诺萨克(Hans Erich Nossack，1901—1977 年)：德国作家。——译注

关于讨论课记录的主题索引

[以下所列页码为原书页码,即本书边码]

第 44 页：思想的先行性。

第 44/45 页：进入本有的若干不同道路。演讲的关键段落：以“任何存在者……”开头的那段话；一个术语：“标识”。

第 45/46 页：让在场中的区分。决定性的区分在于这一“让”。

第 46/47 页：几个提示：事情的质朴性。“事情”这个表达。“有/它给出”。日常语言用法。

第 47/49 页：特拉克尔诗中的“这是”(Es ist)和兰波诗中的“有/这是”(Il y a)。

第 49 页：“这是”和“有”。这个“它”。

第 49/50 页：存在历史之终结。

第 50/51 页：遮蔽之为归属于本有的遮蔽。失本有(Enteignis)。本有的无历史性。与本有相应的道说方式问题。

第 51 页：本有与被居有者。

第 51/52 页：海德格尔不同著作中的被居有者。失本有之何所向。

第 52 页：“存在本身”与本有。

第 52/53 页：《存在与时间》这个标题和存在之消失。《存在与时间》中的“有”。

第 53 页：当时的哲学情境和存在问题。

第 54 页：胡塞尔向先验现象学的转向。作为本真的现象学的海德格尔的做法。

第 54/55 页：在场、让在场、解蔽等等之间的关系是否一个递进等级？

第 55 页：形而上学中的在场与在场者的规定关系的特性。

ποίησις[创作、制作]。柏拉图的光之隐喻。

第55/56页：让在场之为带入敞开域。ἀλήθεια[无蔽、真理]。解蔽之内容上的规定性问题。

第57页：返回步伐。波弗勒的专题报告。海德格尔与黑格尔的近(和远)。

第58页：黑格尔的存在与海德格尔的存在。

第58页：关于黑格尔之否定性的题外话。

第59页：绝对者与本有。

第59/60页：黑格尔的历史之终结和存在历史之终结。存在者状态上的模式。

第60/61页：模式与语言。自然语言与思想语言。语言的质朴性。

第61/62页：何谓“存在之转变”？形而上学中的存在之时代性形态的开放序列。作为存在之被遗忘状态的历史的存在历史。隐匿。

第62/63页：存在之丰富变化和存在向本有的转换。集一置。

第63页：经验与思想的关系。

第63/64页：思想作为入于本有之处所的指引。“转向”。世界之拒予和当前之扣留。本有的有限性。

第64页：诺萨克：“被传唤”。

哲学的终结[①]和思想的任务(1964年)[②]

这个标题命名着一种沉思的尝试。沉思执著于追问。追问乃通向答案之途。如若答案毕竟可得,那它必在于一种思想的转换,而不在于一种对某个事态的陈述。

本文具有一个更为广泛的关联背景。自1930年以来,我一再尝试更其源始地去构成《存在与时间》的课题。而这就意味着,要对《存在与时间》的问题出发点作一种内在的批判。由此必得澄清,批判性的问题——即思想的事情是何种事情的问题——如何必然地和持续地归属于思想。所以,《存在与时间》这个任务的标题也将改变了。我们问:

一、哲学如何在现时代进入其终结了[③]?

二、哲学终结之际为思想留下了何种任务?(参阅第74页)

---

① 参看《演讲与论文集》,第83页。[《全集》第7卷,第81页]——作者边注

② 规一定(Be-stimmung)

借助于寂静之声音。

参看《讨论班》(海德堡1964年)

参看"指令"(Geheiß),1951/1952年[《全集》第8卷《什么叫思想?》]

参看讨论班演讲的复印件["关于思想之事情的规定"]。原为:给伽达默尔七十寿辰的赠礼[收入《全集》第80卷]——作者边注

③ 什么叫:进入终结?一种旷日持久的完一结(Ver-enden)的开始。——作者边注

一、哲学如何在现时代进入其终结了?

哲学即形而上学。形而上学着眼于存在,着眼于存在中的存在者之共属一体,来思考存在者整体——世界、人类和上帝。形而上学以论证性表象的思维方式来思考存在者之为存在者。因为从哲学开端以来,并且凭借于这一开端,存在者之存在就把自身显示为根据(ἀρχή[本原、始基]、αἴτιον[原因]、原理)。根据之为根据,是这样一个东西,存在者作为如此这般的存在者由于它才成为在其生成、消亡和持存中的某种可知的东西,某种被处理和被制作的东西。作为根据,存在把存在者带入其当下在场。根据显示自身为在场状态。在场状态之现身当前乃在于:在场状态把各具本己方式的在场者带入在场状态。依照在场状态之印记,根据遂具有建基特性——它是实在的存在者状态上的原因,是使对象之对象性得以成立的先验可能性,是绝对精神运动和历史生产过程的辩证中介,是那种价值设定的强力意志。

为存在者提供根据的形而上学思想的特性乃在于,形而上学从在场者出发去表象在其在场状态中的在场者,并因此从其根据而来把它展示为有根据的在场者。

关于哲学之终结的谈论意味着什么?我们太容易在消极意义上把某物的终结了解为单纯的中止,理解为没有继续发展,甚或理解为颓败和无能。相反地,关于哲学之终结的谈论倒是意味着形而上学的完成(Vollendung)。不过,所谓"完成"并不是指尽善尽美,并不是说哲学在终结处已经臻至完满之最高境界了。我们不仅缺乏任何尺度，可以让我们去评价形而上学的某个阶段相对于另一个阶段的完满性。根本上，我们也没有权利作这样一种评价。柏拉图的思想并不比巴门尼德的思想更见完满。黑格尔的哲学也并不比康德的哲学更见完满。哲学的每一阶段[①]都有其本己的必然性。我们简直只能承认，一种哲学就是它之所是。我们无权偏爱一种哲学而不要另一种哲学——有关不同的世界观可能有这种偏爱。

“终结”一词的古老意义与“位置”相同：“从此一终结到彼一终结”，意思即是从此一位置到彼一位置。哲学之终结是这样一个位置，在那里，哲学历史之整体把自身聚集到它最极端的可能性中去了。作为完成的终结意味着这种聚集。

纵观整个哲学史，柏拉图的思想以有所变化的形态始终起着决定性作用。形而上学就是柏拉图主义。尼采把他自己的哲学标示为颠倒了的柏拉图主义。随着这一已经由卡尔·马克思完成了的对形而上学的颠倒，哲学达到了最极端的可能性。哲学进入其终结阶段了。无论说人们现在如何努力尝试哲学思维，这种思维也只能达到一种模仿性的复兴及其变种而已。那么，难道哲学之终结不是哲学思维方式的中止吗？得出这个结论，或许还太过草率了。

终结作为完成乃是聚集到最极端的可能性中去。只要我们仅仅期待发展传统式的新哲学，我们就不免太过狭隘地思这一点[②]

① 但时代性的东西并不是合时宜的东西
而是对时代来说不合时宜的东西。——作者边注
② （最极端的可能性）。——作者边注

了。我们忘了,早在希腊哲学时代,哲学的一个决定性特征就已经显露出来了:这就是科学在由哲学开启出来的视界内的发展。科学之发展同时即科学从哲学那里分离出来①和科学的独立性的建立。这一进程属于哲学之完成。这一进程的展开如今在一切存在者领域中正处于鼎盛。它看似哲学的纯粹解体,其实恰恰是哲学之完成。

要说明此点,我们指出心理学、社会学和人类学(文化人类学)的独立性,指出作为符号逻辑和语义学的逻辑的作用,就绰绰有余了。哲学转变为关于人的经验科学,转变为关于一切能够成为人所能经验到的技术对象的东西的经验科学;人正是通过他的这种技术以多种多样的制作和塑造方式来加工世界,因此而把自身确立在世界中。所有这一切的实现在任何地方都是以科学对具体存在者领域的开拓为根据和尺度的。

现在,自我确立的各门科学将很快被控制论这样一门新的基础科学所规定和操纵。我们并不需要什么先知先觉就能够认识到这一点。

控制论这门科学是与人之被规定为行动着的社会生物这样一回事情相吻合的。因为它是关于人类活动的可能计划和设置的控制的学说。控制论把语言转换为一种信息交流。艺术逐渐成为被

---

① 在何种意义上“分离”

转投入存在学视野中(“方法的胜利”,参看 1967 年 4 月雅典演讲[《思想的经验》第 140 页以下;收入《全集》第 80 卷]

这种转投是不可避免的;但可作不同的解释——

在以课题来说存在状态上的关联中——

分解(Austrag)本身之被遗忘状态。——作者边注

控制的而又起着控制作用的信息工具。

哲学之发展为独立的各门科学——而各门科学之间却又愈来愈显著地相互沟通起来——乃是哲学的合法的完成。哲学在现时代正在走向终结。它已经在社会地行动着的人类的科学方式中找到了它的位置。而这种科学方式的基本特征是它的控制论的亦即技术的特性。追问现代技术的需要大概正在渐渐地熄灭，与之同步的是，技术更加明确地铸造和操纵着世界整体的现象和人在其中的地位。

各门科学将根据科学规则——也即技术地——来说明一切在科学的结构中依然让我们想起出自哲学的来源的东西。任何一门科学都依赖于范畴来划分和界定它的对象领域，都在工具上[①]把范畴理解为操作假设。这些操作假设的真理性不仅仅以它们在研究之进步范围内所造出的效果为衡量尺度。科学的真理是与这种效果的功效相等同的。

哲学在其历史进程中试图在某些地方（甚至在那里也只是不充分地）表述出来的东西，也即关于存在者之不同区域（自然、历史、法、艺术等）的存在学，现在被各门科学当作自己的任务接管过去了。各门科学的兴趣指向关于分门别类的对象领域的必要的结构概念的理论。“理论”在此意味着：对那些只被允许有一种控制论功能而被剥夺了任何存在学意义的范畴的假设。表象－计算性思维的操作特性和模式特性获得了统治地位。

然而，各门科学在对其区域性范畴的无可逃避的假设中依然

① 理论的工具特征。——作者边注

谈论着存在者之存在。只是它们不这样说而已。它们能够否认出自哲学的来源,但绝不能摆脱这种来源。因为在各门科学的科学方式中,关于各门科学出自哲学的诞生的证物依然在说话。

哲学之终结显示为一个科学技术世界以及相应于这个世界的社会秩序的可控制的设置的胜利。哲学之终结就意味着植根于西方一欧洲思维的世界文明之开端。

然而,在哲学展开为各门科学这一意义上的哲学之终结,也必然是对哲学思维已经被置入其中的一切可能性的完全现实化吗?抑或,对思想来说,除了我们所刻画出来的最终可能性(即哲学消解于被技术化了的各门科学),还有一种第一可能性——哲学思维虽然必须由这种可能性出发,但哲学作为哲学却不能经验和接纳这种可能性了——是这样吗?

如若情形真是这样,那么在哲学从开端到终结的历史上,想必还有一项任务隐而不显地留给了思想,这一任务既不是作为形而上学的哲学能够达到的,更不是起源于哲学的各门科学可以通达的。因此我们问——

二、哲学终结之际为思想留下了何种任务?[1]

对思想的这样一项任务的思考就必定格外不可思议。有一种既不能是形而上学又不能是科学的思想吗?

---

① 参看演讲打印稿:“关于思想之事情的规定”,1964年7月24日。伽达默尔私人讨论班

原稿为伽达默尔所有,时为后者七十寿辰。——作者边注

有一项在哲学开端之际(甚至是由于这一开端)就对哲学锁闭自身,从而在后继时代里不断变本加厉地隐匿自身的任务吗?

一项看来似乎包含着认为哲学从未能胜任思想之任务从而成了一部纯粹颓败的历史这样一个断言的思想的任务吗?

在这里,在这样一些断言中,难道不是含有一种企图凌驾于伟大的哲学思想家之上的傲慢自大么?

这个疑问势所难免。但它很容易打消。因为任何想对我们所猜度的思想之任务有所洞见的尝试,都不免依赖于对整个哲学史的回溯;不待如此,这种尝试甚至必得去思那种赋予哲学以一个可能历史的东西的历史性。

正因为这样,我们于此所猜度的那种思想,必然不逮于哲学家的伟大。它更逊色于哲学。之所以逊色,是因为在工业时代被科学技术烙印了的公众状态中,这种思想所具有的直接或间接的效果显然更逊色于哲学所具有的效果。

但是,我们所猜度的思想之所以保持着谦逊,首先是因为它的任务只具有预备性,而不具有任何创设的特性。它满足于唤起人们对一种可能性的期待,而这种可能性的轮廓还是模糊不清的,它的到来还是不确定的。

思想首先必须学会参与到为思想所保留和贮备的东西那里。在这种学会中思想为自己的转变作了预备。

我们所思的是这样一种可能性:眼下刚刚发端的世界文明终有一天会克服那种作为人类之世界栖留的唯一尺度的技术-科学-工业之特性。尽管这不会出于自身和通过自身而发生,但却会借助于人对一种使命(Bestimmung)[①]的期备——不论人们倾听与否,这种使命总是在人的尚未裁定的天命中说话了。同样不确定的乃是,世界文明是否将遭到突然的毁灭,或者它是否将长期地稳定下来,却又不是滞留于某种持久不变,一种持存,而毋宁说是把自身建立在常新的绵延不断的变化中。

我们所猜度的预备性的思想并不想预见将来,并且它也不能预见将来。它不过是尝试对现在有所道说,道说某种很久以前恰恰就在哲学开端之际,并且为了这一开端已经被道出的而又未曾得到明确的思想的东西。就眼下而言,以适当的简洁指出这一点,想必就足够了。为此,我们求助于一个由哲学提供出来的路标。

当我们追问思想的任务之际,就意味着要在哲学的视野内规定思想所关涉的东西,规定对思想来说还有争议的东西,也即争执(Streitfall)。这就是德语中“事情”(Sache)一词的意思。这个词道出了在眼下的情形中思想所关涉的东西,按柏拉图的说法,即事情本身(τὸ πρᾶγμα αὐτό)(参阅《信札第七》341c7)。

在晚近时代里,哲学主动明确地召唤思想“面向事情本身”。我们不妨指出在今天受到特别关心的两例。我们在黑格尔1807年出版的《科学的体系:第一部,精神现象学》的“前言”中听到了这种“面向事情本身”的呼声。这个前言不是“现象学”的前言,而是《科学的体系》的前言,是整个哲学体系的前言。“面向事情本身”

① 规一定(Be-Stimmung)
从不着的虚无之寂静的声音而来,
参看1964年打印稿[“关于思想之事情的规定”,收入《全集》第80卷]——作者边注的呼声最终——这个“最终”按事情而言意味着首先——针对“逻辑学”。

在“面向事情本身”的呼声中重点强调的是“本身”。乍一听，这呼声含有拒绝的意思。与哲学之事情格格不入的那些关系被拒绝了。关于哲学之目标的空洞谈论即属于这类关系，而关于哲学思维之结论的空洞报告也在这类关系之列。两者绝不是哲学之现实整体。这个整体唯在其变易中才显示出来。这种变易在事情的展开着的表现中进行。在表一现(Dar-stellung)中主题与方法成为同一的。在黑格尔那里，这个同一性被称为观念。凭此观念，哲学之事情“本身”才达乎显现。但这一事情是历史性地被规定的，亦即：主体性。黑格尔说，有了笛卡尔的 ego cogito[我思故我在]，哲学才首次找到了坚固的基地，在那里，哲学才能有家园之感。如果说随着作为突出的 subiectum[基底、一般主体][1]的我思自我，fundamentum absolutum[绝对基础]就被达到了，那么这就是说：主体乃是被转移到意识中的ὑποκείμενον[基体、基础]，也即真实在场者，就是在传统语言中十分含糊地被叫做“实体”的那个东西。

当黑格尔在那个前言(荷尔麦斯特编辑，第 19 页)中宣称：“(哲学的)真理不仅应被理解和表述为实体，而且同样应被理解和表述为主体”，这就意味着：存在者之存在，即在场者之在场状态，只有当它在绝对理念中作为本身自为地现身当前时，才是明显的

① 据海德格尔的研究，拉丁文的 subiectum 还不是后世的特指人类自我的“主体”(Subjekt)，而是希腊文ὑποκείμενον[基体、基础]意义上的。——译注

因而也才是完全的在场状态。但自笛卡尔以降,理念即意谓 perceptio[知觉]。存在向它本身的生成是在思辨辩证法中进行的。只有观念的运动,即方法,才是事情本身。"面向事情本身"的呼声要求的是合乎事情的哲学方法。

但哲学之事情是什么,这自始就被认为是确定了的。作为形而上学的哲学之事情乃是存在者之存在,乃是以实体性和主体性为形态的存在者之在场状态。

一百年之后,"面向事情本身"的呼声重新在胡塞尔的论文《作为严格科学的哲学》中出现了,这篇论文发表在 1910—1911 年《逻各斯》杂志第一卷上(第 289 页以下)[①]。这一呼声首先还是具有拒绝的意思。但在这里,拒绝的目标指向与黑格尔不同的另一方向。这种拒绝针对那种要求成为意识探究活动的真正科学方法的自然主义心理学。因为这种方法自始就阻挡着通向意向性意识的道路。但是,"面向事情本身"的呼声同时还反对历史主义,这种历史主义在关于哲学观点的讨论中和对哲学世界观类型的划分中丧失了自身。对此,胡塞尔在一段加重点号的文字中说(同上,第 340 页):"研究的动力必然不是来自各种哲学而是来自事情和问题"。

那么,什么是哲学研究的事情呢?对胡塞尔来说与黑格尔如出一辙,都按同一传统而来,这个事情就是意识的主体性。胡塞尔的《笛卡尔沉思》不仅是 1929 年 2 月巴黎讲演的主题,不如说,它

① 参看胡塞尔:《哲学作为严格的科学》,倪梁康译,商务印书馆,1999 年。——译注

的精神在《逻辑研究》之后自始至终伴随着胡塞尔哲学研究的充满热情的道路。在其消极的、同时也是积极的意义上，“面向事情本身”的呼声决定着方法的获得和阐发，也决定着哲学的程序，通过这一程序，事情本身才成为可证明的被给予性。对胡塞尔来说：“一切原则的原则”首先不是关于内容的原则，而是一个方法原则。在 1913 年出版的《纯粹现象学和现象学哲学的观念》一书中，胡塞尔专门用一节（第 24 节）来规定“一切原则的原则”。胡塞尔说，从这一原则出发，“任何可设想的理论都不能迷惑我们”。（同上书，第 44 页）

“一切原则的原则”是：

> “任何原本地给予的直观都（是）认识的合法性源泉；在‘直观’中原始地（可以说在其具体现实性中）向我们呈现出来的一切，（是）可以直接如其给出自身那样被接受的，但也仅仅是在它给出自身的界限之内……”①

“一切原则的原则”包含着方法优先的论点。这一原则决定了唯有何种事情能够符合方法。“一切原则的原则”要求绝对主体性作为哲学之事情。向这种绝对主体性的先验还原给予并保证这样一种可能性：即在主体性中并通过主体性来论证在其有效结构和组成中，也即在其构造中的一切客体的客观性（存在者之存在）。

① 参看胡塞尔：《纯粹现象学通论》，李幼蒸译，商务印书馆，1992 年，第 84 页。——译注

因此先验主体性表明自身为“唯一的绝对的存在者”(《形式的和先验的逻辑》,1929年,第240页)。同时,作为关于存在者之存在的构造的“普遍科学”的方法,先验还原具有这一绝对存在者的存在样式,也即哲学之最本己的事情的方式。方法不仅指向哲学之事情。它并非只是像钥匙属于锁那样属于事情。毋宁说,它之属于事情乃因为它就是“事情本身”。如果有人问:“一切原则之原则”从何处获得它的不可动摇的权利?那么答案必定是:从已经被假定为哲学之事情的先验主体性那里。

我们已经把对“面向事情本身”这个呼声的讨论选为我们的路标。它把我们带到通向一种对在哲学终结之际思想的任务的规定的道路上去。我们已经到了哪里?我们已经获得了这样一种洞见:对“面向事情本身”这个呼声而言先行确定的乃是作为哲学之事情的哲学所关涉的东西。从黑格尔和胡塞尔的观点——而且不光是他们的观点——来看,哲学之事情就是主体性。对这个呼声来说,有争议的东西并非事情本身,而是它的表现,通过这种表现,事情本身才成为现身当前的。黑格尔的思辨辩证法是这样一个运动,在这个运动中事情本身达乎其自身,进入其自身的在场(Präsenz)了。胡塞尔的方法应将哲学之事情带向终极原本的被给予性,也即说,带向其本己的在场了。

两种方法尽可能地大相径庭。但两者要表达的事情本身是同一东西,尽管是以不同的方式经验到的。

然而这些发现对我们洞察思想的任务的尝试又有何助益呢?只要我们仅仅空洞地讨论了一番这个呼声,而此外再无所作为,那么上述发现就是无所助益的。反之,我们必得要问:在“面向事情本身”这个呼声中始终未曾思的东西是什么？以此方式追问，则我们就能注意到：恰恰就在哲学已经把其事情带到了绝对知识和终极明证性的地方，如何隐藏着不再可能是哲学之事情的有待思的东西。

但在哲学之事情及其方法中未曾思的是什么呢？思辨辩证法是一种哲学之事情如何从自身而来自为地达乎显现并因此成为现身当前（Gegenwart）的方式。这种显现必然在某种光亮中进行。唯有透过光亮，显现者才显示自身，也即才显现出来。但从光亮方面来说，光亮却又植根于某个敞开域（Offenes），某个自由之境（Freies）；后者能在这里那里、此时彼时使光亮启明出来。光亮在敞开域中游戏运作，并在那里与黑暗相冲突。无论是在一个在场者遭遇另一个在场者的地方，或者一个在场者仅仅只是在另一个在场者近旁逗留的地方，即便在像黑格尔所认为的一个在场者思辨地在另一个在场者中反映自身的地方，都已有敞开状态（Offenheit）在起支配作用，都已有自由的区域在游戏运作。也只有这一敞开状态才允诺思辨思维的道路通达它所思的东西。

我们把这一允诺某种可能的让显现（Scheinenlassen）和显示的敞开状态命名为澄明[①]。在德语语言史中，“澄明”（Lichtung）一词是对法文 clairiere 的直译。它是仿照更古老的词语“森林

① 参看“艺术作品的本源”（1935 年以后）

《林中路》1950 年，第 38 页以下[《全集》第 5 卷，第 36 页以下]（雷克拉姆版 1960 年，第 52 页以下）。“黑格尔与希腊人”1960 年，《路标》第 270 页以下[《全集》第 9 卷，第 441 页以下]

“艺术的起源与思想的规定”，1967 年 4 月 4 日在雅典科学与艺术研究院的演讲[《思想的经验》第 135 页以下；收入《全集》第 80 卷]——作者边注

化”和“田野化”[①]构成起来的。[②]

在经验中,林中空地与稠密森林相区别,后者在较古老的德语中被称为 Dickung。[③] 名词“澄明”源出于动词“照亮”(lichten)[④]。形容词“明亮的”(licht)与“轻柔的”(leicht)是同一个词。照亮某物意谓:使某物轻柔(leicht)[⑤],使某物自由,使某物敞开,例如,使森林的某处没有树木。这样形成的自由之境就是澄明。在自由之境和敞开域意义上的明亮的东西(das Lichte),无论是在语言上还是在事实上,都与形容词“licht”毫无共同之处,后者的意思是“光亮的”。就澄明与光的差异性而言,仍要注意这一点。但两者之间还是可能有某种事实的联系。光可以涌入澄明之中并且在澄明中让光亮与黑暗游戏运作。但绝不是光才创造了澄明。光倒是以澄明为前提的。然而,澄明,敞开域,不仅是对光亮和黑暗来说是自由的,而且对回声和余响,对声音以及声音的减弱也是自由的。澄明乃是一切在场者和不在场者的敞开域。[⑥]

---

① 参看歌德:《意大利游记》,那不勒斯 2 月 26 日(1787 年)

“扩展”(Weitung)“广阔”(Weite)。——作者边注

② 此处“森林化”和“田野化”德语原文为 Waldung 和 Feldung,所谓“澄明”(Lichtung)在构词上与之相同。——译注

③ 此处“林中空地”(Waldlichtung)亦可译作“林中澄明”;“Dickung”按字面直译为“稠密化”,在日常德语中已无此词。——译注

④ “阵风照亮了古老的椴树”

特拉克尔:《作品集》1969 年,第 274 页。——作者边注

⑤ “也许”(vielleicht)来自 vil-lichte(多一明亮的)

viel-freies(多一自由的)、viel-mögliches(多一可能的)、möglicherweise(可能的)。——作者边注

⑥ 此处“澄明”(Lichtung)确有“林中空地”之义,海德格尔也确实是在比“光”更原本的“敞开域”(das Offene)意义上来理解 Lichtung 的,但海氏同时也强调了 Lichtung 与动词 lichten 的关联,故我们仍坚持把它译为“澄明”。——译注

思想必然要对这里称为澄明的那个事情投以特别的关注。于此我们不是从空洞的词语(例如“澄明”)那里抽取出空洞的观念,尽管在表面上太容易让人有这样的感觉。而毋宁说,我们必须关注唯一的事情,我们合乎实情地以“澄明”的名称来命名这种事情。在我们现在所思的关联中,“澄明”这个词所命名的东西即自由的敞开域,用歌德的话来说,它就是“原现象”(Urphänomen)。我们不妨说:一个“原一事情”(Ur-sache)。歌德写道(《箴言与沉思》第993条):“在现象背后一无所有:现象本身即是指南”。这就是说,现象本身——在眼下的情形中即澄明——把我们摆到这样一个任务面前:在追问着现象之际从现象中学习,也即让现象对我们有所道说。

因此,思想也许终有一天将无畏于这样一个问题:澄明即自由的敞开域究竟是不是那种东西,在这种东西中,纯粹的空间和绽出的时间以及一切在时空中的在场者和不在场者才具有了聚集一切和庇护一切的位置。

与思辨辩证法的思维方式相同,原始直观及其明证性也依赖于已然起着支配作用的敞开状态,即澄明。明证的东西乃是能直接直观的东西。Evidentia[“明证”]一词是西塞罗对希腊文ἐνάργεια[清楚、明白]的翻译,也就是说,西塞罗把ἐνάργεια[清楚、明白]转换为罗马语了。这个词与argentum[银辉]一词具有相同的词根,意指在自身中从自身而来闪亮和进入光明之中的东西。在希腊语中,人们谈论的不是看的行为,不是谈论videre[目睹],而是谈论闪亮和显现的东西。但是唯当敞开状态已获得允诺时它才能显现。并不是光线才首先创造澄明,即敞开状态。光线只不过是穿越澄明而已。唯这种敞开状态才根本上允诺一种给予和接纳活动以自由之境,才允诺一种明证性以自由之境[①],于是乎,在这种自由之境中,给予、接纳和明证性才能够逗留并且必须运动。

所有明确地或不明确地响应"面向事情本身"这个呼声的哲学思想,都已经——根据其进程中并且借助于其方法——进入澄明的自由之境中了。但哲学对于澄明却一无所知。虽则哲学谈论理性之光,却并没有关注存在之澄明。[②] 唯有敞开域才照亮 lumen naturale,即理性之光。理性之光虽然关涉于澄明,但却极少构成澄明,以至于我们不如说,它只是为了能够照耀在澄明中的在场者才需要这种澄明。这不光是哲学之方法的真实情形,而且也是——甚至首先是——哲学之事情(即在场者之在场状态)的真实情形。至于在主体性中,subiectum[基体、一般主体],ὑποκείμενον[基体、基础],亦即在其在场状态中的在场者也如何被思了,这个问题在这里不能详尽发挥了。读者可以参看我的《尼采》下卷(1961年)第429页以下的内容。[《全集》第6卷下,第391页以下][③]

我们现在另有关心。不论在场者是否被经验,被掌握或被表达,作为逗留入敞开域中的在场状态始终依赖于已然起着支配作用的澄明。即便不在场者,除非它在澄明之自由之境中在场着,否则也不能成其为不在场者。

一切形而上学(包括它的反对者实证主义)都说着柏拉图的语

① 参看"论真理的本质"1930年[《全集》第9卷,第177页以下]。——作者边注

② 更准确地说:谈论本身在照亮-虚无化之际带出来的
分解(Austrag)之澄明
进入其特有的在场状态中的在场者。——作者边注

③ 参看海德格尔:《尼采》下卷,孙周兴译,商务印书馆,2010年,第1134页以下。——译注

言。形而上学思想的基本词语，也即形而上学对存在者之存在的表达的基本词语，就是εἶδος［爱多斯、相］即ἰδέα（相、理念）：是存在者作为这样一个存在者在其中显示自身的那个外观（Aussehen）。而外观乃是一种在场方式。没有光就没有外观——柏拉图早已认识到了这一点。但是倘若没有澄明，就没有光亮。就连黑暗也少不了这种澄明。否则我们如何能够进入黑暗之中并在黑暗中迷途徘徊呢？然而在哲学中，这种在存在中（im Sein）[①]、在场状态中起着支配作用的澄明本身依然是未曾思的，尽管哲学在开端之际也谈论过澄明。这种谈论在何处出现呢？以什么样的名称？

答曰：在巴门尼德的哲理诗中。就我们所知，他的哲理诗最早专门思了存在者之存在；尽管难得注意，它至今仍在由哲学解体而来的各门科学中回响。

巴门尼德倾听这样一种劝说：

…χρεὼ δέ[②]σε πάντα πυθέσθαι
ἠμὲν Ἀληθείης εὐκυκλέος ἀτρεμὲς ἦτορ
ἠδὲ βροτῶν δόξας, ταῖς οὐκ ἔνι πίστις ἀληθής.

……而你当经验这一切：
无蔽之不动心脏，多么圆满丰沛，
而凡人之意见，无能于信赖无蔽者。
——《残篇》第一第28行以下

① 在存在者之存在的“两合一、两者一起”（Selbander）中。——作者边注
② 而你要照料（besorge）——。——作者边注

这里道出了'Αλήθεια,即无蔽。它被称为圆满丰沛的,因为它在纯粹的圆球形轨道上旋转,在这个圆球形轨道上,开端与终结是处处同一的。在这一旋转中绝无扭曲、阻隔和锁闭的可能性。凝神冥思的人要去经验那无蔽(Unverborgenheit)之不动心脏。"无蔽之不动心脏"这个短语是什么意思呢?它意指着在其最本己的东西中的无蔽本身[①],意指一个寂静之所,这个寂静之所把首先允诺无蔽的东西[②]聚集在自身那里[③]。首先允诺无蔽的东西乃是敞开域的澄明。我们要问:敞开状态为何?我们已经对以下事实有所思索:思想的道路——思辨的和直观的思想的道路——需要可穿越的澄明。而在这种澄明中,也才有可能的显现,即在场状态本身之可能的在场[④]。

先于任何别的东西而首先允诺无蔽的,乃是这样一条道路,思

① 即'Αλήθεια[无蔽、真理]。——作者边注

② 即澄明(Lichtung)。——作者边注

③ 把那个东西聚集起来。——作者边注

④ ἔστιν γὰρ εἶναι[因为存在就是存在]
这个不是颤动着的、不是晃动着的——而是
安静的心脏
寂静的
下面就"澄明"所说的一切都属于另一个
开端(Anfang)——开一端(An-Fang)
虽然在巴门尼采的回响中得到经验——命运性地
但在固然还未经说明的、因此也不可道说的
"存在问题"(《存在与时间》)中先行得到了思考

*

参看"巴门尼德教育诗评论",载《贺信目录》(Tabula gratulatoria),1973年3月为荷尔图塞(H. E. Holthusen)(柏林艺术学院校长)而作[《全集》第15卷,第403页以下]。——作者边注

想就在这条道路上追踪某个东西并且觉知[1]这个东西：ὅπως ἔστιν……εἶναι，即在场如何现身在场（Daß anwest Anwesen）。澄明首先允诺通往在场状态的道路之可能性，允诺在场状态本身的可能在场。我们必得把'Αλήθεια即无蔽思为澄明，这种澄明才首先允诺存在和思想以及它们互为互与的在场。澄明的不动心脏[2]乃是这样一个寂静之所，唯由之而来才有存在与思想也即在场状态与觉知的共属一体关系的可能性。

对思想的某种约束性的可能要求植根于上述这种亲密关系。倘若没有对作为澄明的'Αλήθεια[无蔽、真理]的先行经验，则一切关于有约束和无约束的思想的谈论都还是无根基的。柏拉图把在场状态规定为ἰδέα[相、理念]，这种规定的约束性从何而来？亚里士多德把在场解释为ἐνέργεια[实现]，就何而言这种解释是有约束力的呢？

只要我们还没有经验到巴门尼德所必定经验过的东西，'Αλήθεια，即无蔽，则我们甚至不可能去追问这些十分离奇地始终在哲学中被搁置起来的问题。通往无蔽的道路与凡人的意见游荡其上的街道马路大相径庭。'Αλήθεια[无蔽、真理]不是什么终有一死的东西，恰如它不是死亡本身。

我固执地把'Αλήθεια这个名称译为“无蔽”，这样做却不是为了词源学的缘故，而是因为当我们合乎事情地思被命名为存在和

① 此处“觉知”原文为vernehmen，是海德格尔对巴门尼德的νοεῖν（能译为“思想”）的翻译；也可考虑译为“颖悟、觉悟”。——译注

② 不同于在巴门尼德那儿的情况。——作者边注

思想的东西时我们所必须考虑的那个事情的缘故。无蔽犹如这样一个因素,在这个因素中才有存在和思想以及它们的共属一体性。虽则'Αλήθεια[无蔽、真理]在哲学开端之际就被命名了,但在后来的时代里哲学却没有专门思这个'Αλήθεια[无蔽、真理]本身。因为自亚里士多德以降,作为形而上学的哲学的事情就是在存在学神学上[①]思存在者之为存在者。

如果情形果真如此,那么,我们也就不可贸然下判断说,哲学无视某种东西,哲学把某种东西给耽搁了,并因此患有某个根本性的缺陷。我们指出在哲学中未曾思的东西,并不构成对哲学的一种批判。如若现在必需有一种批判,那么这种批判的目标毋宁说是那种自《存在与时间》以来变得愈来愈迫切的尝试,即追问在哲学终结之际思想的一种可能的任务的尝试。因为现在才提出以下问题是相当迟了:为什么我们不再用通常流行的名称即"真理"一词来翻译'Αλήθεια?

答案必然是:就人们在传统的"自然的"意义上把真理理解为在存在者那里显示出来的知识与存在者的符合一致关系而言,而同样也就真理被解释为关于存在的知识的确定性而言,我们不能把'Αλήθεια即澄明意义上的无蔽与真理等同起来。相反,'Αλήθεια,即被思为澄明的无蔽,才允诺了真理之可能性。因为真理本身就如同存在和思想,唯有在澄明的因素中才能成其所是。真理的明证性和任何程度上的确定性,真理的任何一种证实方式,都已经随

① 此处"在存在学神学上"(ontotheologisch)是后期海德格尔关于形而上学的一个基本规定,即认为形而上学具有"存在学"与"神学"交织的整体特征。——译注

着这种真理而在起支配作用[①]的澄明的领域中运作了。

'Αλήθεια，亦即被思为在场状态之澄明的无蔽，还不是真理。那么，'Αλήθεια[无蔽、真理]更少于真理吗？或者，因为'Αλήθεια[无蔽、真理]才允诺作为符合和确定性的真理，因为在澄明领域之外不可能有在场状态和现身当前化，所以'Αλήθεια[无蔽、真理]就更多于真理吗？

我们把这个问题当作一项任务委诸于思想。思想必须考虑：当它哲学地也即在形而上学的严格意义中——这种形而上学仅仅从其在场状态方面来究问在场者——思考时，它究竟是否也(auch)[②]能提出这个问题。

无论如何，有一点已变得清晰了：追问'Αλήθεια，即追问无蔽本身，并不是追问真理。因此，把澄明意义上的'Αλήθεια命名为真理，这种做法是不恰当的，从而也是让人误入歧途的。[③] 关于"存在之真理"的谈论，在黑格尔的《逻辑学》中是有其合理的意义的，因为真理在那里就意味着绝对知识的确定性[④]。但是，与胡塞尔一样，与一切形而上学一样，黑格尔也没有追问存在之为存在

① "起支配作用"(walten)取决于"居－有"(er-eignen)。——作者边注

② 还(noch)。——作者边注

③ 思某个事情的尝试，有时可能偏离一种决定性的洞见已经揭示出来的东西(参看《在通向语言的途中》，1959年，第175页[《全集》第12卷，第165页])，这种情形在《存在与时间》(1927年)的一段话(第219页)中可得印证："用'真理'这个词来翻译ἀλήθεια，尤其在理论上对这个词(真理)进行概念规定，就会遮蔽希腊人先于哲学而领会到的东西的意义，希腊人在使用ἀλήθεια这个术语时，是'不言自明地'把那种东西作为基础的"。[《全集》第2卷，第291页]——原注

④ 更好地：因为乃是传统的真理规定的一个变化。——作者边注

(Sein als Sein),亦即没有追问如何可能有在场状态本身这样一个问题。① 唯当澄明决定性地运作之际,才有在场状态本身。此澄明被命名为'Αλήθεια,即无蔽,但本身尚未被思及。

关于真理的自然概念并不意指无蔽,就是在希腊哲学中情形亦然。人们常常正确地指出,ἀληθές[无蔽的、真的]这个词早在荷马那里就总是仅仅被用在verba dicendi,用在陈述句中,因而是在正确性和可靠性的意义上被使用的,而不是在无蔽意义上。但这一提示首先仅只意味着:无论是诗人还是日常语言使用,甚或哲学,都没有设想自己面对这样一个追问任务:追问真理即陈述的正确性如何只有在在场状态之澄明的因素中才被允诺而出现。

在这一问题的视界内,我们必须承认,'Αλήθεια,即在场状态之澄明意义上的无蔽,很快就仅只被人们当作ὀρθότης[正确性]即表象和陈述的正确性而来经验了。但这样一来,认为有一种真理的本质转变即从无蔽到正确性的转变的断言,也是站不住脚的了。我们倒是应该说:'Αλήθεια[无蔽],作为在思想和言说中的在场状态和现身当前化的澄明,很快就进入ὁμοίωσις[肖似]和adaequatio[符合]方面,也即达乎在表象和在场者的符合一致关系意义上的肖似方面。

但这一进程必然激起另一个问题:对于人的自然经验和言说来说,何以'Αλήθεια即无蔽仅仅显现为正确性和可靠性?是因为人在在场之敞开状态中的绽出的逗留盘桓仅只朝向在场者和在场

① 如何有以及如何可能有存在学差异。《存在与时间》中的"存在问题"乃是表示存在学差异之起源的问题的简化标题。——作者边注

者之现成的当前化吗？但是这除了意味着在场本身和与之相随的允诺着在场状态的那个澄明始终被忽视了这样一回事情之外，还意味着别的什么呢？人们经验和思考的只不过是作为澄明的'Αλήθεια[无蔽、真理]所允诺的东西，'Αλήθεια[无蔽、真理]本身之所是[①]却未被经验也未被思。

这一点依然蔽而不显。这难道是偶然的吗？莫非它的发生只是人类思维的某种疏忽粗糙的结果吗？或者，它的发生是因为自身遮蔽和遮蔽状态，即Λήθη[②]，本就属于'Α-Λήθεια[无一蔽]，并不是一个空洞的附加，也不是仿佛阴影属于光明，相反，遮蔽乃是作为'Αλήθεια[无蔽]的心脏而属于无蔽——是这样吗？而且，在在场状态之澄明的这一自身遮蔽中，难道不是甚至还有一种庇护和保藏——由之而来，无蔽才能被允诺，从而在场着的在场者才能显现出来——在起着支配作用吗？

倘若情形是这样，那么澄明就不会是在场状态的单纯澄明，而是自身遮蔽着的在场状态的澄明，是自身遮蔽着的庇护之澄明。

倘若情形是这样，那么我们以此追问才踏上哲学终结之际思之任务的道路。

但这难道不是全然虚幻的神秘玄想，甚或糟糕的神话吗？难道归根到底不是一种颓败的非理性主义，一种对理性的否定吗？

---

① 以及它本身如何“是”。

被遗忘状态如何能允诺那种无蔽状态，那种处于'Αλήθεια[无蔽、真理]之思想中、允诺'Αλήθεια[无蔽、真理]之思想的无蔽状态。慕尼黑。——作者边注

② 参看为慕尼黑科学院做的文本。——作者边注

我反过来问:何谓 ratio[理性]、νοῦς[奴斯][1]、νοεῖν[思想、觉知]和 Vernehmen(觉知)?何谓根据和原则,甚至一切原则的原则?如果我们不是以一种希腊方式把'Αλήθεια[无蔽、真理]经验为无蔽,然后超出并越过希腊方式而把'Αλήθεια[无蔽、真理]思为自身遮蔽之澄明,那么,上面的问题能够得到充分的规定吗?只要理性和合理性的东西在其本己特性中还是可疑的,那么,就连关于非理性主义的谈论也还是虚幻无据的。支配着现时代的科学技术的理性化日复一日愈来愈惊人地用它巨大的成效来证明自身的合法性。但这种成效却丝毫没有道说允诺理性和非理性以可能性的东西。效果证明着科学技术的理性化的正确性。然则可证明的东西穷尽了存在者的一切可敞开状态吗?对可证明之物的固守难道没有阻挡通达存在者的道路吗?

也许有一种思想,它比理性化过程之势不可挡的狂乱和控制论的摄人心魄的魔力要清醒些。也许恰恰这种摄人心魄的狂乱醉态倒是最极端的非理性呢!

也许有一种思想,它超出了理性与非理性的分别之外,它比科学技术更要清醒些,更清醒些因而也能作清醒的旁观,它没有什么效果,却依然有自身的必然性。当我们追问这种思想的任务时,首先要置疑的不仅是这种思想,而且还有对这种思想的追问。鉴于整个哲学传统,这就意味着——

我们所有的人都还需要在思想方面接受教育,并且在此之前

[1] 这里的"奴斯"(νοῦς)是希腊哲学的基本词语,亦可意译为"理智"、"精神"、"心灵"等等。——译注

首先还需要对何谓在思想中受过教育和未曾受过教育这回事情有所认识。在这方面，亚里士多德在《形而上学》第四章（1006a 以下）中给了我们一个暗示：ἔστι γὰρ ἀπαιδευσία τὸ μὴ γιγνώσκειν τίνων δεῖ ζηεῖν ἀπόδειξιν καὶ τίνων οὐ δεῖ.“……因为未曾受过教育就是不能分辨何处必需寻求证明，何处不需要寻求证明”[①]。

这话大可细细品味。因为尚未确定的是，人们应以何种方式去经验那种不需要证明就能为思想所获得的东西。是以辩证法的中介方式呢，还是以原本给予的直观方式？或者两者都不是？唯有那种要求我们先于其他一切而允许其进入的东西的特性才能决定这一点。但是，在我们还没有允许它进入之前，它又如何可能让我们做出决定呢？在这里，我们处于何种循环——而且是不可避免的循环——中了？

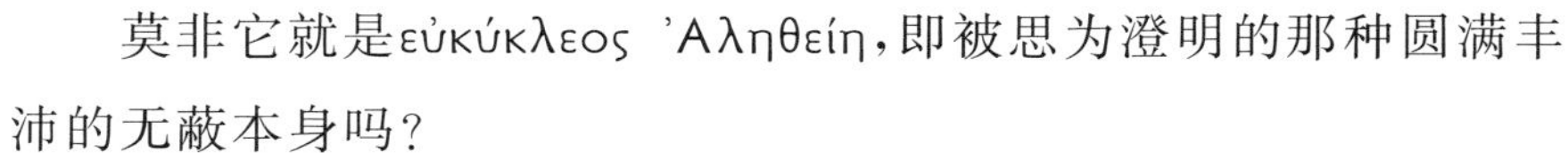

莫非它就是εὐκύκλεος Ἀληθείη，即被思为澄明的那种圆满丰沛的无蔽本身吗？

那么，思想的任务的标题就不是“存在与时间”，而是澄明与在场状态吗？[②]

但澄明从何而来？如何有澄明？在这个“有/它给出”（Es gibt）中什么在说话？[③]

---

① 参看苗力田主编：《亚里士多德全集》第 7 卷，中国人民大学出版社，1997 年，第 91 页。——译注

② 在场状态（存在学差异）与澄明。

参看慕尼黑科学院文本，第 88 页。——作者边注

③ 在前面的《时间与存在》等文中，海德格尔对这里的“有/它给出”（Es gibt）做了许多讨论，显然是联系于具有“给出”（Geben）作用的“本有”（Ereignis）来讨论的。在海氏后期思想中，“无蔽”、“澄明”和“本有”等，是具有同等位值的词语，都是用来表示他所思的“思想的事情”的。——译注

那么,思想的任务就应该是:放弃以往的思想,而去规定思想的事情。

我进入现象学之路(1963年)

1909—1910年冬季学期,在弗莱堡大学神学系,我开始了学院的学习。主要的精力放在神学上,此外还有足够的余地留给本来就属于学习计划的哲学。这样,从第一学期开始,胡塞尔两卷本的《逻辑研究》便摆到了我在神学院的宿舍的案头。这两卷书是大学图书馆的。借出日期总是能够轻易地一再得到延长。显然,大学生们很少借这两卷书。那么,这部著作又怎么会来到我的书桌这个陌生的环境中的呢?

我从许多哲学杂志的指点中得知,胡塞尔的思维方式是由弗兰茨·布伦塔诺[①]决定的。自在1907年以来,布伦塔诺的论文《论亚里士多德以来存在者的多重含义》(1862年),就是我最初笨拙地尝试去钻研哲学的拐杖了。当时,下面这些问题曾以相当含混的方式困扰着我:如果存在者有多重含义,那么,哪一种含义是它的主导的基本含义呢?什么叫做存在?在文科中学的最后一年,我偶然看到了当时在弗莱堡大学讲授教义学的教授卡尔·布

① 弗兰茨·布伦塔诺(Franz Brentano,1838—1917年):德国哲学家、心理学家,曾任奥地利维也纳大学哲学教授。著有《从经验的观点看心理学》、《论心理现象的分类》等。——译注

赖格[1]的书《论存在。存在学大纲》。这本书出版于1896年,当时,作者还是弗莱堡大学的副教授。在这部著作的大部分章节之后,除了附有存在学的基本概念的词源以外,他还摘录了亚里士多德、托马斯·阿奎那和苏阿列茨[2]的大量原文。

我曾期望从胡塞尔的《逻辑研究》深入到由布伦塔诺的博士论文所引起的问题之中去。但是,后来我才认识到,由于我的研究方法不对,所以我的努力白费了。尽管我一直迷恋于胡塞尔的这部著作,以至于在随后的几年里,我总是反复地阅读它,然而仍未充分地洞悉到书中那种迷住我的东西。这本书的魅力甚至弥漫到版式和扉页这些外在的东西上,在那张扉页上,我看到了马克斯·尼迈耶出版社这一名字;这一情景至今还历历在目。这一名字是与出现在这本书第二卷副标题上的"现象学"这个使我陌生的词联系在一起的。那时我对"现象学"这个词的理解就和那些年里我对马克斯·尼迈耶出版社的名字及其工作的了解一样少而迷茫。"尼迈耶出版社"和"现象学"这两个名字何以联系在一起,其原委很快便更清楚地显示出来。

四个学期之后,我放弃了神学的学习,完全致力于哲学了。但在1911年以后的几年里,我仍然听了一门神学讲座,这就是卡尔·布赖格讲授的教义学。这是由我对思辨神学的兴趣决定的。更为重要的则是这位教师在每次演讲时所表现出来的透彻的运思

① 卡尔·布赖格(Carl Braig,1853—1923年):德国神学家,曾任弗莱堡大学神学系教授。著有《论存在——存在学大纲》、《哲学概论》等。——译注

② 苏阿列茨(Francisco Suarez,1543—1617年):后期经院哲学家代表之一。——译注

艺术。他允许我陪他做过几次散步，从他那里，我第一次了解到谢林和黑格尔对于与经院哲学的教义体系完全不同的思辨神学的重要性。就这样，存在学与思辨神学之间的对峙便作为形而上学的建构而进入了我的研究的视野之中。

然而，与海因里希·李凯尔特的研究班上所讨论的东西比起来，上面所说的领域就消失在幕后了。海因里希·李凯尔特所讨论的是他的学生埃米尔·拉斯克[①]的两部著作，这个学生在1915年作为一个普通士兵战死在加利西亚前线。李凯尔特在同年出版的《认识的对象——先验哲学导论》第三版完全改写本的献辞中写道："献给我亲爱的朋友"，这一献辞应表明这位学生对老师的促进。埃米尔·拉斯克的那两部著作是《哲学逻辑和范畴学说。逻辑形式的统治领域之研究》(1911年)和《判断的学说》(1912年)，这两本书都非常清楚地显示了胡塞尔的《逻辑研究》对他的影响。

这些情况都迫使我重新去钻研胡塞尔的著作，然而，这次重复的开端仍然是不能令人满意的，因为我无法克服一个主要的困难，它关系到这样一个简单的问题：自称为"现象学"的运思程序是如何进行的？对这一问题的困惑是来自胡塞尔的著作表面显示出来的那种模棱两可。

这部著作的第一卷出版于1900年，它以思维和认识的学说不能建立在心理学的基础之上的论据，批驳逻辑学中的心理主义。相反，次年出版的篇幅扩充了三倍的第二卷，却包含着对于构成认

① 拉斯克(Emil Lask，1875—1915年)：德国哲学家，李凯尔特的学生，海德格尔的师兄。著有《哲学逻辑与范畴学说》、《判断学说》等。——译注

识来说至关重要的意识行为的描述。由此而言,它终究还是一种心理学。否则,论述“布伦塔诺的‘心理现象’的界限的意义”的“第五研究”的第九节的目的又何在呢?因此,胡塞尔以其意识现象的现象学的描述又回到了恰恰是他从前所批驳的心理主义的立场上来了。但是如果这并不算是胡塞尔著作的一个严重的迷误的话,那么,什么才是对于意识行为的现象学的描述呢?如果现象学既不是逻辑学又不是心理学的话,那么,它的特点又在哪里呢?在这里会出现一种全新的哲学学科,甚至是一种具有自己的地位和优点的哲学学科吗?

我对这些问题无所适从。我不知该怎么办,该走向何方。我当时甚至不能像现在这样清楚地把握住这些问题。

1913年我得到了一个答案。马克斯·尼迈耶出版社开始出版胡塞尔编撰的《哲学与现象学研究年鉴》。第一卷发表的是胡塞尔的论文,其题目就已经表明了现象学所标识的东西及其影响范围:《纯粹现象学和现象学哲学的观念》。

“纯粹现象学”是以现象学为特征的哲学的“基础科学”。“纯粹的”说的是“先验的现象学”,而认识着、行动着、价值设定的主体的主体性就被设定为“先验的”。“主体性”和“先验性”这两个词表明“现象学”自觉而坚定地转变方向,进入到了近代哲学的传统之中,但这是以这样一种方式转变的,即先验的主观性通过现象学成功地进入了更为源始和普遍的可规定性之中。现象学保留了“意识体验”作为它的主题范围,然而,现在现象学在对经验行为的结构进行系统规划的和可靠的研究与在对着眼于它的对象性的、在这种行为中被体验的对象进行的研究是一致的。

在一门现象学哲学的普遍设想中，似乎一直保持着哲学的中立性的《逻辑研究》在现象学体系中具有一席地位。也是在1913年，这部书在同一出版社出了第二版，但其中的大部分“研究”都作了“重大的修改”，唯有“第六研究”，“这是在现象学的关系中最为重要的部分”(第二版前言)，却未加改动。为了新建的刊物《逻各斯》，胡塞尔把《作为严格科学的哲学》(1910—1911年)一文捐赠给了该刊的第一卷；但该文也是通过《纯粹现象学和现象学哲学的观念》才获得了其纲领性论题的充分论证。

也是在1913年，马克斯·尼迈耶出版社出版了马克斯·舍勒的具有重要意义的研究：《论同情和爱与恨的现象学。附录：关于陌生自我之设定的理由》。

通过这些出版物，尼迈耶的出版工作走在了哲学出版的最前列。那时，人们往往很容易便可以确定：一个新的学派在欧洲哲学的内部伴随着现象学而产生出来了。谁能否认这一说法的确实性呢？

但是，如此形成的历史性的结算并不是指由现象学，也即是说由《逻辑研究》所产生出来的那些东西。这一点依然未被说出，即使在今天，也还是难以确切地说出。胡塞尔本人的纲领性的解释和方法论的描述更加深了人们的误解，人们以为“现象学”要求一种否定所有先前出现过的思想的新的哲学开端。

即使在《纯粹现象学和现象学哲学的观念》出版之后，《逻辑研究》所产生的无穷魅力仍还在吸引着我。这一魅力又重新引起了我的不安。我找不出不安的真正理由，尽管我猜测到，这一不安来自：仅仅通过阅读哲学文献，不能实现所谓“现象学”的思维方式。

只是在我到胡塞尔的书房里拜见了他本人之后,我的迷惑才逐渐减少,我的思绪的混乱才艰难地消解。

胡塞尔在 1916 年作为海因里希·李凯尔特的接替人来到弗莱堡,当时李凯尔特已接替了文德尔班在海德堡的教席。胡塞尔的讲课采取了对现象学的"看"进行逐步训练的方式,这种"看"要求不去使用那些未经检验的哲学知识,同时也拒绝把大思想家的权威性带到谈话中来。然而,由于我日益精通的现象学的"看"越来越明确地促进了我对亚里士多德作品的解释,我也就越来越不能把我同亚里士多德及其他希腊思想家分开,虽然我不能立即看到重新关注亚里士多德会产生什么样的决定性后果。

当我在 1918 年以后,在胡塞尔的身边教和学的同时练习了现象学的看,并与此同时试图在一个讨论班上对亚里士多德做一番改造性的理解之后,我的兴趣便再一次指向了《逻辑研究》,特别是第一版的"第六研究",其中所强调的感性直观和范畴直观之间的区别,在其对于规定"存在者的多重含义"的作用方面向我显露了出来。

所以我们——朋友们和学生们——再三请求这位老师重版当时已很难找到的"第六研究"。出于维护现象学事业的决心,尼迈耶出版社于 1922 年又再版了《逻辑研究》的最后一篇。胡塞尔在序言中写道:"既然如此,我不得不满足本书的朋友们的愿望,决定把最后一篇按原样付印"。"本书的朋友们"这一用语,胡塞尔同时说的是从《观念》发表之后,他本人对《逻辑研究》已不再感兴趣了。在他的学院活动的新领域,他的思维激情和努力比任何时候都更转向了对《观念》中所表达的那种规划的系统发展。所以,胡塞尔在前面所提到的“第六研究”的序言中才能写道:“我在弗莱堡的讲学也迫使我的兴趣朝着起主导作用的普遍性和系统的方向发展了”。

因此,每星期我除了给专门的普通研究班讲课和练习以外,还主持高年级学生的《逻辑研究》讨论,此时,胡塞尔对此尽管没有计较,但是却以一种根本上不赞成的眼光关注着我。对我自己来说,对这项工作的准备是非常有收获的。尽管首先引导我的更多地是预感而不是有所依据的洞察。但我在此认识到这样一点:作为现象学的自身表现的意识行为的现象学所完成的东西,在亚里士多德和整个希腊思想和希腊此在那里,被更源始地思为'Αλήθρια[无蔽],即在场的东西的无蔽状态,它的解蔽,它的自我显现,作为担负着思的行为的现象学的研究所重新发现的东西,如果这不是哲学本身的话,它至少证明自己是希腊思想的基本特征。

当这一看法在我心中越来越明晰时,下面这个问题也就变得越来越紧迫了:依据现象学原理,那种必须作为“事情本身”被体验到的东西,是从何处并且如何被确定的?它是意识和意识的对象性呢还是在无蔽和遮蔽中的存在者之存在?

这样,通过现象学态度的昭示,我被带上了存在问题的道路。我再一次处在不安之中,只不过比起先前由布伦塔诺的博士论文所引起的不安来,这次别有一番滋味罢了。然而这条追问之路比我所料想的要漫长,它需要经过许多停顿、迂回和歧途。我在弗莱堡的第一次讲学以及后来在马堡的讲学,不过是试图间接地指明这条道路。

“海德格尔同事先生——您现在必须出版点什么东西,您有合适的稿子吗?”1925—1926 年那个冬季学期的一天,马堡大学哲学系的主任边说边走进我的书房里。“当然有”,我回答说。接着系主任又说:“但是要尽快把它印出来”。因为哲学系建议特批我作为尼古拉·哈特曼的后任,担任第一哲学正教授。但与此同时,柏林的教育部却以我在近十年中没有再出版过任何东西为由驳回了系里的建议。

这就有必要把我搁置已久的著作付诸出版了。通过胡塞尔的中介,马克斯·尼迈耶出版社准备立即印行《存在与时间》的前十五印张。这十五印张本来是打算刊登在胡塞尔的《年鉴》上的。已定稿的两部清样副本由系里当时送往部里。但是过了一段时间,它们又被退回系里,上面的批语是“不够”。次年(1927 年)2 月,《存在与时间》在《年鉴》的第八卷上全文刊出了,并且是作为专辑出版的,此后过了半年,部里撤回了它的否定看法,批准了我的教职。

通过《存在与时间》的出版这一不寻常的机会,我第一次直接与马克斯·尼迈耶出版社打交道。我在学院学习的第一学期里,就在胡塞尔的那本迷人的著作的扉页上看到了这个简单的名字,它显现出了它今天以及未来出版工作中所具有的认真、可靠和大度、素朴的风格。

1928 年夏,我在马堡的最后一个学期里,为庆祝胡塞尔七十寿辰的纪念文集正在筹稿。这学期一开始,出人意料地,马克斯·舍勒逝世了。他是胡塞尔《年鉴》的合作编撰人之一,在《年鉴》第一卷和第二卷(1916 年)上曾发表过他的研究巨著《伦理学中的形式主义与实质的价值伦理学》[1]。与胡塞尔的《观念》一起,它应当被认为是对《年鉴》的最重要的贡献。它通过它的深远影响,使尼迈耶出版社的出版远见和工作能力都为人们所重新认识。

埃德蒙德·胡塞尔的纪念文集作为《年鉴》的增刊在他的生日准时出版了。1929 年 4 月 8 日,在胡塞尔的学生和朋友们的簇拥下,我把这本书奉献给这位受祝贺的老师。

在以后的十年里,我不再出大部头的著作,直到 1941 年,尼迈耶出版社才放手印行我对荷尔德林的赞美诗《如当节日的时候……》的阐释,[2]但没有标明出版的年月。当年五月,我在莱比锡大学做公开的客座演讲时宣读了这篇东西。出版社的老板赫尔曼·尼迈耶先生从哈勒赶来听了这次演讲,然后我们便商议了出版事宜。

十二年以后,当我决定出版往年所作的讲稿时,我打算选择尼迈耶出版社。这时它已不再使用"萨勒河畔的哈勒城"[3]的标记了。在巨额的亏损和重重的困难之后,遭受了严重的个人不幸的出版社老板已经在图宾根重新开设了出版社。

"萨勒河畔的哈勒城",也是在这个城市里,当时还是编外讲师的埃德蒙德·胡塞尔曾于 19 世纪 90 年代在那里的大学里任教。后来在弗莱堡时,他常常讲起《逻辑研究》产生前后的这一段经过。

---

① 参看舍勒:《伦理学中的形式主义与实质的价值伦理学》,倪梁康译,商务印书馆,2011 年。——译注

② 参看海德格尔:《荷尔德林诗的阐释》,孙周兴译,商务印书馆,2000 年。——译注

③ 萨勒河畔的哈勒城(Halle a. d. Saale):德国东部城市,位于莱比锡旁边。——译注

他总是怀着感激和赞赏的心情怀念马克斯·尼迈耶出版社。这家出版社在本世纪初,承担起出版一个几乎还默默无闻的讲师的大部头论著的风险,这部著作走的是一条不同寻常的思路,因之必然使同时代的哲学感到陌生。在威廉·狄尔泰认识其重要性以前,这部著作在出版后的许多年内也确实是令人陌生的。这家出版社在当时既不可能知道它的名字将与现象学的名字联系在一起,也不可能知道现象学不久将在各种不同的领域中——主要是以潜移默化的方式——决定着这个时代的精神。

那么今天呢?现象学哲学的时代似乎已经过去了,它已经作为过去的东西与其他的哲学学派一起仅仅被记录在历史中。仅从现象学最本己的方面来说,现象学并不是一个学派,它是不时地自我改变并因此而持存着的思想的可能性,即能够符合有待于思的东西的召唤。如果现象学是这样地为人们所理解和坚持的话,那么它作为一个哲学标题就可以不复存在了,但是它会有益于思想的事情,而这种思想的事情的可敞开状态依然是一种秘密。

1969 年的补充:

上文最后一段的意思已在《存在与时间》(1927 年)的第 38 页上道出:

“它的(现象学的)本质的东西不在于现实地作为一个哲学的‘流派’。可能性高于现实性。对现象学的理解只是在于,把现象学当作可能性来加以把握。”

说　明

一、时间与存在

“时间与存在”这篇演讲是1962年1月31日在布赖斯高的弗莱堡大学由欧根·芬克（Eugen Fink）主持的讲座上作的。在《存在与时间》（1927年版）的概要（第39页）中，“时间与存在”是这部论著第一部第三篇的标题。当时，作者无法充分阐述以“时间和存在”命名的课题。《存在与时间》的出版工作至此打住了。

时隔三十五年以后作此演讲，其中所包含的内容不再是《存在与时间》这部论著的继续。尽管主导问题依然是同样的，而这仅仅意味着：此问题越来越成问题，它与时间精神越来越疏远。文中括号里的内容是与演讲稿同时写的，只是演讲时没有宣读。

本文的德文最初是与弗朗索瓦·费迪尔（Francois Fedier）的法语译文一起，发表在1968年巴黎普农出版社出版的纪念让·波福勒（Jean Beaufret）的文集上，发表时的题目为《思想的坚韧》。

二、一次关于演讲“时间与存在”的讨论课的记录

这是一次有关演讲“时间与存在”的讨论班的讨论的记录。我得感谢阿尔弗雷德·古佐尼博士（Dr. Alfredo Guzzoni）的记录工作。我对这个记录稿作了检查，并在几个段落中作了些补充。这

个讨论班是 1962 年 9 月 11—13 日在（黑森林的）托特瑙堡举办的，共研讨六次。这篇记录的发表的目的是为了弄清和深化这篇演讲中的疑问。

三、哲学的终结和思想的任务

演讲“哲学的终结和思想的任务”迄今为止仅以让·波福勒和弗朗索瓦·费迪尔的法译文发表过，刊于《不朽的克尔凯郭尔》（巴黎，伽利玛出版社第 165 页以下）。“不朽的克尔凯郭尔”是 1964 年 4 月 21—23 日由联合国教科文组织在巴黎举办的一次学术会议。

四、我进入现象学之路

“我进入现象学之路”第一次发表在私人印刷的《赫尔曼·尼迈耶 80 寿辰纪念，1963 年 4 月 16 日》这部文集中。

译　后　记

本书收录海德格尔晚年的三个演讲稿和一次讨论班的记录稿。篇幅虽小，但属于后期海德格尔的最重要著作之一。本书初版于1969年，现被辑为海德格尔全集第14卷。

本书的书名体现了海德格尔思想的一个渊源。“面向思的事情”(Zur Sache des Denkens)显然是承接胡塞尔的“面向事情本身”(Zur Sache Selbst)而提出来的。海氏一生以“存在”为“思的事情”；而在本书中提出的“本有”(Ereignis)之思，可视为海氏存在之思的一个深化。

中译文据1976年第二版译出。译事由陈小文和孙周兴合作完成。第一、四篇是陈小文译的，第二、三篇是孙周兴译的，之后进行了互校。商务印书馆哲学编辑室又请倪梁康先生做了最后审校。在此我们谨向倪梁康先生表示感谢。

众所周知，海德格尔为文晦涩，思想奇谲。本书又是海德格尔著作中较为艰涩的一本。尽管我们做了努力，但译文肯定会有不少错误之处，恳请读者提出宝贵意见。

译者

1994年4月8日

再版后记

借这次再版之机，译者对这本小书又检视一遍：改正了一些错别字，尤其是外文字；对个别句子做了少许的变动，以使行文更为顺畅、简洁；有一些关键词做了改译，如 Ge-stell 一词，原译为“座架”，现改为“集置”——因为德文前缀“Ge-”表示“集聚、集合”，词根“stellen”意为“放置”，海德格尔就是在这种字面意义上使用这个词的；又如 Anwesenheit 一词，原译为“在场性”，现统一译为“在场状态”。在“一次关于《时间与存在》的讨论课的记录”一文后面增加了“主题索引”，这个索引是原书就有的，而中译本第一版因故没有收入，现予以恢复。

译　者

1998 年 6 月

图书在版编目(CIP)数据

面向思的事情/(德)海德格尔著;陈小文,孙周兴译.—北京:商务印书馆,2017
(汉译世界学术名著丛书:120年纪念版:珍藏本)
ISBN 978-7-100-14803-0

Ⅰ.①面… Ⅱ.①海… ②陈… ③孙… Ⅲ.①海德格尔(Heidegger, Martin 1889-1976)—哲学思想 Ⅳ.①B516.54

中国版本图书馆CIP数据核字(2017)第161058号

汉译世界学术名著丛书
(120年纪念版·珍藏本)
面向思的事情
(修订译本)
〔德〕海德格尔 著
陈小文 孙周兴 译
孙周兴 修订

商 务 印 书 馆 出 版
(北京王府井大街36号 邮政编码100710)
商 务 印 书 馆 发 行
北 京 冠 中 印 刷 厂 印 刷
ISBN 978-7-100-14803-0

2017年12月第1版 开本710×1000 1/16
2017年12月北京第1次印刷 印张7½
定价:40.00元